Medard Boss und die Daseinsanalyse - ein Dialog zwischen Medizin und Philosophie im 20. Jahrhundert

Mit einer Bibliographie der Schriften von Medard Boss

von

Urte Paulat

Tectum Verlag
Marburg 2001

Die Deutsche Bibliothek - CIP-Einheitsaufnahme

Paulat, Urte:
Medard Boss und die Daseinsanalyse - ein Dialog zwischen Medizin und Philosophie im 20. Jahrhundert.
Mit einer Bibliographie der Schriften von Medard Boss.
/ von Urte Paulat
- Marburg : Tectum Verlag, 2001
Zugl: Lübeck, Univ. Diss. 2001
ISBN 3-8288-8322-2

© Tectum Verlag

Tectum Verlag
Marburg 2001

Inhalt Seite

Vorwort 1

I Einleitung 5

II Das Leben von Medard Boss 12

III Die Zusammenarbeit mit Heidegger: Zollikoner Seminare 22
III.1 Entstehung 22
III.2 Rahmenbedingungen 24
III.3 Motiv 26
    3.1 Grundsätzliche Begriffe 26
    3.2 Die Grundlagen der naturwissenschaftlichen Medizin aus der philosophischen Sicht Heideggers 28
    3.3 Der Briefwechsel rund um die Zollikon Seminare 35

IV Grundzüge der Daseinsanalyse nach Medard Boss 39
IV.1 Entwicklung und Leitgedanken 41
    1.1 Phänomenologische Pathologie 46
    1.2 Unbewußtes und Triebe 51
    1.3 Erkenntnis, Angst, Gelassenheit und Schuld 55
IV.2 Traumdeutung oder Traumauslegung? 58
    2.1 Phänomenologische Auslegung 58
    2.2 Unterschiede und Gemeinsamkeiten des Wachzustandes und des Träumens 65
    2.3 Zwei Träume im Vergleich 67
    2.4 Raum und Zeit im Traum 71
    2.5 Traumentwicklung im Verlauf einer daseinsanalytischen Therapie 73
IV.3 Die Bedeutung sexueller Perversionen 76
    3.1 Überblick 76
    3.2 Phänomenologische Überlegungen zum Thema Liebe 80
    3.3 Beispiele 81

V Die Daseinsanalyse in der heutigen Psychiatrie 88
V.1 Die daseinsanalytische Praxis heute 88
V.2 Die Rezeption der Daseinsanalyse 90

VI Diskussion der Ergebnisse	104
VII Zusammenfassung	110
Literaturverzeichnis	112

Vorwort

Daß ich für meine medizinische Dissertation ein medizin*historisches* und insofern „beinahe geisteswissenschaftliches" Thema gewählt habe, liegt in dem Bedürfnis, das ich im Laufe des ganz naturwissenschaftlich geprägten vorklinischen Abschnittes des Medizinstudiums entwickelte, mich mit der seelisch-geistigen Seite des Menschen zu beschäftigen.

Als mein Doktorvater, Prof. Dr. Dietrich von Engelhardt mir von Seminaren berichtete, die von Heidegger und Ärzten gestaltet wurden, weckte die Möglichkeit, über eine Verbindung von Medizin und Philosophie zu schreiben, sofort mein Interesse. Ein einfaches Unterfangen war die Bearbeitung dieses Themas allerdings nicht, da ich ständig an der Grenze zu einem tiefen Einstieg in die Philosophie Heideggers wanderte, den ich mir als Medizinerin nicht anmaßen wollte. Dennoch war die Beschäftigung mit dem Thema sowie das Eintauchen in die damalige Welt der großen Psychiater eine Bereicherung für mein gesamtes ärztliches Arbeiten, auch wenn noch viele weitere Fragen offen bleiben.

Mein herzlicher Dank gilt also Prof. von Engelhardt für die Anregung des Themas, die kompetente und geduldige Betreuung und für viele wertvolle Hinweise zur Gestaltung dieser Arbeit. Auch den Mitarbeiterinnen des Instituts für Medizin- und Wissenschaftsgeschichte der Medizinischen Universität zu Lübeck sei für ihre Unterstützung besonders gedankt.

Ich danke Gion Condrau dafür, daß er mir als Spezialist im Thema Daseinsanalyse jederzeit unkompliziert die Möglichkeit zum Gespräch einräumte. Außerdem danke ich Marianne Boss, die mir in mehreren persönlichen Gesprächen das Leben und Werk ihres verstorbenen Mannes näher brachte.

Auch Prof. Balthasar Staehelin sei herzlich für seine Gesprächsbereitschaft gedankt.

Danken möchte ich auch meinen Eltern, Dorit und Detlef Paulat, die Studium und Dissertationszeit nach Kräften unterstützten und meiner Schwester Birte für die fundierten Anregungen aus ihrer beruflichen Erfahrung im Bibliothekarswesen.

Ich hoffe, daß das Lesen dieser Arbeit ein wenig zum Nachdenken bewegt über die philosophischen Grundlagen, die unserer heutigen Medizin zugrunde liegen, und daß sich daraus ein anregender Perspektivenwechsel ergeben kann.

„Komm ins Offene, Freund!" (Hölderlin)

I Einleitung

Die medizinische Arbeit in Klinik und Praxis ist geprägt vom Umgang mit Menschen. Der Patient ist kranker *Mensch*. Der Kontext menschlicher Beziehungen und Begegnungen ist sogar so vielgestaltig und intensiv wie in keinem anderen Beruf, denn er offenbart den Menschen in seiner Schutzlosigkeit, in zutiefst menschlichen Situationen wie Geburt, Leiden und Sterben. Oft geht es um schicksalhafte Erlebnisse mit einer existentiellen Dimension, die den Kranken in seinem Kern treffen und einschneidende Veränderungen in seinem Leben hervorrufen können.

Auf diesem Hintergrund spielen sich die ärztliche Untersuchung, Diagnostik und Behandlung ab. Diese ärztlichen Tätigkeiten sollen sich auf der Basis wissenschaftlicher Erkenntnisse vollziehen. Voraussetzung jeder wissenschaftlichen Erkenntnis ist zunächst, das zu Untersuchende so nah wie möglich ins Blickfeld zu rücken und genau zu charakterisieren. Im Falle der medizinischen Wissenschaft würden sich demnach Fragen nach den konstitutiven Eigenschaften des Menschen, beispielsweise nach seinem Wesen, seiner Würde stellen. Solche Fragen könnten lauten: Was macht den Menschen als Menschen aus? Was ist das Wesentliche am Menschen? Was ist dasjenige im Menschen, das einer Heilung bedarf? Was bedeutet Heilung?

Diese Fragen berühren in ihrer Komplexität eine philosophische Ebene. In ihnen thematisiert sich das *Menschenbild*. Das Menschenbild steht hinter jedem Umgang mit Menschen, auch wenn es meist nicht eigens reflektiert wird und daher unbemerkt bleibt. Es prägt so insbesondere auch das Arzt-Patienten-Verhältnis und bestimmt das ärztliche Handeln und die Prioritätensetzung[1] im ärztlichen Alltag und in der Forschung.

In der Weiterentwicklung von Gedankenströmungen, die in der Geschichte maßgeblich der Prägung durch die großen Denker Bacon, Galilei, Descartes und Comte unterlagen, ist der Klinikalltag heute weitgehend charakterisiert

---

1 Bei der Prioritätensetzung handelt es sich um ein Thema von höchster Aktualität, v.a. im Hinblick auf die Diskussion um die Verteilung knapper finanzieller Ressourcen im Gesundheitssystem sowie bei anderen ethischen Fragestellungen.

durch das naturwissenschaftlich-positivistische Menschenbild. Hinter diesem steht im Grunde die Auffassung, der Mensch sei letztlich nichts anderes als eine hochkomplizierte Maschine.[2]

Folglich ist das Denken in unserer modernen naturwissenschaftlichen Medizin kausal-analytisch ausgerichtet. Ihre Methoden basieren auf Reproduzierbarkeit und Statistik. Die Ergebnisse müssen objektivierbar sein. Mit diesem Vorgehen lassen sich zahlreiche Krankheitsphänomene in ihre Ursachen verfolgen und behandeln. Auf diese Weise sind große Erfolge erzielt worden, insbesondere in der Therapie von Infektionen und auf den Gebieten der Endokrinologie, Notfallmedizin, Chirurgie und Geburtshilfe.

Auf der anderen Seite kommt es jedoch besonders seitens der Patienten zu Kritik an dieser auf einer Verobjektivierung des Menschen beruhenden Medizin, da sich der Einzelne tatsächlich nur als Objekt behandelt und nicht „menschlich" verstanden fühlt. Hier scheint einer der Gründe dafür zu liegen, daß immer mehr Patienten therapeutische Alternativen in „paramedizinischen" Behandlungen mit teilweise fragwürdiger Wirksamkeit suchen, bei denen sie sich jedoch als Mensch und Individuum scheinbar ernster genommen fühlen.

Wenn man in diesen Bedürfnissen der Patienten den Ausdruck eines tatsächlichen Mangels sehen möchte, kann daraus der Anstoß erwachsen, das naturwissenschaftliche Menschenbild in seinen Grundlagen und Auswirkungen näher zu charakterisieren und auf die Tauglichkeit für die Medizin zu untersuchen bzw. andere Menschenbilder und Weltentwürfe ins Auge zu fassen. Diese sollten jedoch nicht minder wissenschaftlich sein. Es stellt sich also die Frage, ob dem Arzt und seinen Patienten heute ein Besinnen auf erkenntnistheoretische Grundlagen der Medizin von Nutzen sein könnte, oder ob sein Menschen- und Weltbild Privatsache und ein Zufallsprodukt unbewußter und unreflektierter kultureller und erzieherischer Einflüsse sein soll.

---

2 So zeigte sich eine Auswirkung dieser wissenschaftsgeschichtlichen Einflüsse auf die ärztliche Ausbildung im Ersatz des „Philosophikums" durch das „Physikum" vor ca. 100 Jahren unter dem entscheidenden Einfluß von Rudolf Virchow.

Folgt man dem Psychiater Hubertus Tellenbach (1914–1994), so ist die Beschäftigung mit den philosophischen Hintergründen der medizinischen Wissenschaft essentiell. Er weist darauf hin, daß die objektive Wissenschaft keineswegs wert- und weltanschauungsfrei ist, sondern vielmehr einer eigenen, in der Regel von Medizinern nicht wahrgenommenen Weltanschauung unterliegt, die den Menschen auf ein funktionales Objekt reduziert. Tellenbach regt u.a. an, diese Themen in die ärztliche Ausbildung im Sinne einer Bildung zu integrieren und in die Lehre aufzunehmen.

„Wenn Goethes Wort: ‚Es ist nichts schrecklicher als tätige Unwissenheit' (Maximen und Reflexionen 250) im Recht ist, so ist es Sache der intellektuellen Rechtschaffenheit, zu erfahren, welche philosophischen Konzeptionen des Menschen den Aspekten der Medizin zugrundeliegen. Es gehört zur ‚verschwiegenen Metaphysik' des Mediziners, über die geistesgeschichtlichen Voraussetzungen seiner Wissenschaft im unklaren zu sein und nicht zu sehen, daß gerade hier die Unterstellung einer Vorurteilslosigkeit das eigentliche Vorurteil ist."[3]

Aus dieser Sicht erscheint die naturwissenschaftliche Medizin nicht wert- und weltanschauungsfrei und somit objektiv, sondern unterliegt stillschweigend festgesetzten Prätentionen, wie z.B. der Annahme, das zu untersuchende Objekt Mensch sei zählbar und meßbar.

Ebenfalls zum Fürsprecher einer Beschäftigung mit philosophischen Inhalten macht sich Karl Jaspers (1883–1969), indem er darauf hinweist, daß eine philosophische „Metareflexion" erst den nötigen Einordnungsrahmen für die eigentlichen medizinischen Forschungen liefere.

„Wer kritische Philosophie gründlich zu durchdenken sich bemüht hat, ist vor zahlreichen falschen Fragestellungen, überflüssigen Diskussionen und hemmenden Vorurteilen geschützt, die bei unphilosophischen Köpfen in der Psychopathologie nicht selten eine Rolle spielen. Zweitens hat das philosophische Studium einen positiven Wert für die Art der menschlichen Haltung des Psychopathologen in der Praxis und für die Klarheit seiner Motive im Erkennen."[4]

---

3 Tellenbach 1987, S. 163

Jeanne Hersch (geb. 1910), philosophische Schülerin Jaspers, geht noch weiter, indem sie meint, die Philosophie selbst habe es versäumt, über den wissenschaftlichen Fortschritt nachzudenken:

„Die zeitgenössische Philosophie hat, wie mir scheint, etwas versäumt: Sie hat über die Fortschritte der Wissenschaft und Technik weder tief genug noch genau genug nachgedacht. Entweder aus Überheblichkeit oder aus Minderwertigkeitsgefühlen hat sie nicht genügend dazu beigetragen, daß die Zeitgenossen sich dieses Fortschritts, der ihre Welt und Gesellschaft verändert hat, auf geistiger und kultureller Ebene bewußt wurden, daß sie ihn verstehen und verarbeiten lernten."[5]

Von welcher Bedeutung der Einfluß philosophischer Reflexionen auf die menschliche Grundhaltung des Arztes und seine Erkenntnisse sein kann, zeigen Leben und Werk des Züricher Psychiaters Medard Boss (1903–1990), der diese medizinisch-philosophischen Überlegungen zur Grundfrage seines Lebens und Werkes gemacht hat. Sie waren für ihn nicht nur von theoretischer Natur, sondern lieferten den Handlungsimpuls für sein therapeutisches Engagement. Ich habe sein Werk exemplarisch herausgegriffen, um die Möglichkeiten und praktischen Konsequenzen solcher Reflexionen darzustellen. Indem ich mich in der vorliegenden Arbeit mit ausgewählten Ausschnitten aus seinem Werk beschäftige, möchte ich einen Beitrag zur gedanklichen Verbindung von Medizin und Philosophie leisten.

Boss hat sich mit erkenntnistheoretischen Fragen, die der Medizin, insbesondere der Psychiatrie, zugrundeliegen, auseinandergesetzt. Er suchte ein tragendes Denkfundament für ein Verstehen seiner Patienten und ihrer Welt und ließ seine Erkenntnisse in die mit großem menschlichen Einsatz praktizierte therapeutische Tätigkeit einfließen. Dabei war für ihn der über mehr als 25 Jahre hinweg geführte intensive Dialog mit dem Philosophen Martin Heidegger (1889–1976) von wesentlicher Bedeutung. Ein Dialog, der auf dem Boden einer geistigen und menschlichen Freundschaft erwuchs.

---

4   Jaspers ^{9}1973, S. 6
5   Hersch ^{6}1997, S. 340

Von besonderer Wichtigkeit ist das wissenschaftliche Werk von Medard Boss auf den Gebieten der Traumdeutung, der psychosomatischen Erkrankungen und der sexuellen Perversionen. Daher werden diese Teile seines Werkes in meiner Arbeit besondere Berücksichtigung finden. Zahlreiche Werke von Boss wurden ins Englische, Französische, Italienische, Spanische, Portugiesische, Holländische, Schwedische, Tschechische, Serbokroatische, ja sogar ins Japanische übersetzt. Aufsätze von ihm waren in einer großen Anzahl auch ausländischer Zeitschriften nicht nur in Europa, sondern auch in den USA, Südamerika und dem Fernen Osten veröffentlicht.

Zahlreiche Publikationen und die ausführlichste Literatur zum Gesamtwerk von Boss und der Daseinsanalyse hat Gion Condrau herausgebracht. Sein Werk „Daseinsanalyse" erschien 1998 in zweiter, erweiterter Auflage und enthält neben den philosophisch anthropologischen Grundlagen biographische Notizen zu Boss und Heidegger, die Erörterung der Sprache in der Philosophie und in der Daseinsanalyse sowie Gesichtspunkte zur Wirksamkeitsforschung der daseinsanalytischen Therapie. Es existieren außerdem in deutscher Sprache einige Veröffentlichungen, die sich mit Einzelaspekten aus dem Werk von Medard Boss beschäftigen wie Wahn, Neurosen, Schizophrenie, Sprache und Traumdeutung. So kann man bei Probst-Frey (1979) vergleichende Gesichtspunkte der Anschauungen über Wahn und Autismus bei Boss, Blankenburg und Binswanger finden. Die Arbeit von Götte (1976) enthält psychoanalytische und daseinsanalytische Aspekte zur Schizophrenie. Der Schwerpunkt von Schlegel (1985) liegt auf dem Gebiet der Neurosen, betrachtet unter dem Blickwinkel von Freud, Jung und Boss. Müller-Locher (1977) untersucht die „Sprachpsychologie" von Medard Boss und Benjamin Whorf im Vergleich. Seine Arbeit enthält ein Kapitel mit einer kurzen Abhandlung über das „daseinsanalytische Menschenbild". Vergleichende Aspekte der tiefenpsychologischen und daseinsanalytischen Traumdeutung enthält die Arbeit von Zobler (1993), während Struck (1992) sich mit Theorie und Praxis dieser beiden Richtungen beschäftigt. Riefler (1989) behandelt die menschliche Existenz unter daseinsanalytischen Gesichtspunkten. Eine umfassende Darstellung der Daseinsanalyse unter besonderer Berücksichtigung medizinhistorischer Aspekte zeichnet die Dissertation von Bagus (1993) aus. Die Arbeit von Bagus setzt sich insbesondere mit der Phänomenologie Heideggers und dem Leib-Seele-Verhältnis der neuzeitlichen Medizin auseinander und geht auf die Arzt-Patienten-Beziehung ein. Ein Schwerpunkt liegt auf der Diskussion verschiedener ausgewählter psychosomatischer Erkrankungen. Eine gesonderte Darstellung der Traumdeutung und Boss' Auffassung der sexuellen Perversionen findet sich dort nicht. Bei Riem (1987) liegt die Hauptthematik in den historischen Entwicklungsaspekten der Daseinsanalyse. Mackenthun (1997) greift in seiner Dissertation den Widerstand und die Verdrängung heraus und beleuchtet diese unter den Blickwinkeln der Schulen von Freud, Adler und Boss. Offenheit und Wahrhaftigkeit werden als therapeutische Ziele, aber auch als Zeichen psychischer Gesundheit gewertet. Einen philosophischen Schwerpunkt legt Helting in seinem Beitrag zur Daseinsanalytischen Grundlagenforschung (1999). Auch in der philosophischen Dissertation von Becker geht es um die Probleme der Daseinsanalyse im Hinblick auf dieses Fachgebiet (1997). Diese Dissertation enthält eine besonders umfassende und kritisch reflektierte Darstellung sämtlicher Aspekte der Daseinsanalyse nach Boss. Einflüsse auf die Pastoraltheologie mit einem Vergleich zwischen Paul Tillich und Medard Boss kommen in der Dissertation von Reinberger (1966) zur Sprache. In der Dissertation aus dem Gebiet der Architektur von Baier (1989) „Phänomenologie des gelebten Raumes" finden Boss' Gedanken zum Begriff „Raum" Ausdruck.

In englischer Sprache hat sich besonders Marshall mit dem Werk von Boss auseinandergesetzt. Von ihm existiert eine Dissertation im Fach Philosophie über Heidegger und Boss (1974). Scott legt den Schwerpunkt seiner Untersuchungen auf die Traumdeutung von Boss (1977). Marianne Boss, die Witwe von Medard Boss, plant in nächster Zukunft die Publikation seiner noch unveröffentlichten Korrespondenz z.B. mit Heidegger, Freud und Jung.

Zuerst werde ich das Leben von Medard Boss schildern und dabei ausführlich biographische Einflüsse auf seinen Gedankenweg untersuchen. Die Bedeutung des Heideggerschen Denkens für die wissenschaftliche Grundhaltung von Boss soll dann in einem eigenen Kapitel anhand der sogenannten Zollikoner Seminare dargestellt werden, deren Protokolle vor wenigen Jahren zum Druck gelangten. Der Schwerpunkt liegt dabei auf Heideggers erkenntnistheoretischen Ausführungen zur Naturwissenschaft. In diesem Kapitel finden bewußt viele und zum Teil auch längere Heidegger-Zitate ihren Platz, da es sich teilweise um komplexe gedankliche Zusammenhänge handelt, die in Heideggers Wortwahl besonders treffend auf den Punkt gebracht werden, aber auch entsprechend kommentiert und erläutert werden sollen. Nach einer Einführung in die Leitgedanken der Daseinsanalyse werde ich die wichtigsten Gebiete des Werkes von Medard Boss herausgreifen, an denen das Charakteristische der Daseinsanalyse besonders deutlich wird: die Traumauslegung und die Bedeutung der sexuellen Perversionen. Ein Kapitel über die Rezeption der Daseinsanalyse läßt kritische und zustimmende Kommentare über die Daseinsanalyse zu Wort kommen. Im Kapitel „Diskussion der Ergebnisse" werden die Bedeutung der Daseinsanalyse für die heutige Psychosomatik geschildert und der Bezug zur Philosophie und Ethik hergestellt. Die Zusammenfassung nimmt die eingangs gestellte Frage nach der Notwendigkeit philosophischer Reflexion durch den Arzt auf, skizziert noch einmal die Antwort von Boss und weist auf mögliche Perspektiven hin.

Ich besuchte Marianne Boss sowohl in ihrem Chalet in Lenzerheide als auch in Zürich-Zollikon im selben Hause, in dem die Zollikoner Seminare mit Heidegger stattfanden und danke ihr für die Zeit, die sie mir für meine Fragen zur Verfügung stellte.

Außerdem suchte ich das Daseinsanalytische Institut in Zürich und dessen Leiter Gion Condrau auf, dem ich ebenfalls dafür danke, daß er mir jederzeit die Gelegenheit zum ausführlichen Gespräch gab.

Philosophische Begriffe, zu deren Verständnis Vorkenntnisse nötig sind, werden so weit es geht vermieden. Wo es mir allerdings zum genauen Verständnis unerläßlich erscheint, werde ich die Heideggerschen Fachtermini in der Form verwenden, die Boss in seinem Werk „Grundriß der Medizin und Psychologie" (1979) wählt.

II Das Leben von Medard Boss

Medard Boss wurde am 4. Oktober 1903 als Ältester von drei Geschwistern[6] in St. Gallen in der Schweiz geboren. Als er zwei Jahre alt war, nahm sein Vater, Medardus Boss-Schmidt, den Posten eines Verwalters der Universitätskinderklinik Zürich an, und die Familie zog nach Zürich. Das Aufwachsen im Umfeld der Kinderklinik weckte in ihm schon im Kindesalter den Wunsch, Arzt zu werden.

Dieser Wunsch wurde allerdings in der Zeit als Gymnasiast einmal erschüttert, als er – von seinem Kunstlehrer und durch eigene Schaffenserfolge ermuntert – die Idee hatte, Kunstmaler zu werden. Davon brachte ihn sein Vater durch einen Besuch der Münchner Pinakotheken ab. Die Konfrontation mit den dort ausgestellten großartigen Kunstwerken bewirkte, daß ihm seine eigenen Malversuche im Vergleich zu den ausgestellten Meisterwerken untalentiert erschienen, und er von da an den Pinsel nie mehr anrührte. Sein Interesse für alles, was mit Kunst zu tun hat, blieb jedoch bestehen, so daß er sich sein Leben lang intensiv mit Kunst und Kunstgeschichte befaßte.

Im Wintersemester 1922/23 immatrikulierte Boss sich an der Universität Zürich für das Fach Medizin. Das Medizinstudium absolvierte Boss – bis auf die Auslandssemester in Paris und Wien – in Zürich. Es faszinierten ihn zunächst die vorklinischen Naturwissenschaften, insbesondere die Physiologie. Diese Faszination hing wohl nicht zuletzt mit einigen seiner Dozenten zusammen, unter denen sich namhafte Wissenschaftler fanden wie z.B. Paul Karrer (1889–1971) und Walter Rudolf Hess (1881–1973), beide Nobelpreisträger, und Hans Schinz (1891–1966).

Ein fundamentaler Interessenwandel in Richtung Psychiatrie kündigte sich erst in der Zeit an, als Medard Boss im Rahmen seines Psychiatrie-Kurses

---

6 Boss' Schwester lebte in Bern, sein Bruder in Zürich. Beide sind mittlerweile verstorben.

Eugen Bleuler (1857–1939) kennenlernte, der damals kurz vor seiner Emeritierung stand. Über ihn sagt Boss später:

„Er war der erste der vier Männer mit glühenden Augen – wie ich sie im Stillen für mich zu heißen versucht bin – denen ich in meinem Leben begegnen sollte. Die anderen drei waren Sigmund Freud, Martin Heidegger, und ein indischer Weiser, der hoch oben im Kaschmir-Gebirge haust. Alle vier legten zwar in ihrem äußeren Benehmen ein fast scheues Gehabe an den Tag. Zugleich jedoch strahlte jeder einzelne von ihnen ein geistiges Feuer aus, beinahe sinnenhaft wahrnehmbar, das aus ihrem Innersten kam, oft aus noch größeren Tiefen aufzulodern schien."[7]

Es ist ein Erfülltsein dieser Menschen mit innerer Weisheit, was Boss als Ausstrahlung wahrnimmt, und das ihn beeindruckt. Eugen Bleuler als Naturwissenschaftler beschäftigte sich seinerzeit zunehmend mit philosophischen Fragestellungen. Diese Fragestellungen interessierten Boss sehr. So war es für ihn von großem Wert, daß Bleuler ein Privatseminar ermöglichte, in dessen Rahmen sich ein intensives Zwiegespräch zwischen dem Professor und dem Studenten ergab.

Schon damals kamen in Boss Zweifel auf, wie nach der von Bleuler vertretenen Semonschen Engramm-Theorie[8] geistige Gegebenheiten, wie z.B. Erinnerungen an bedeutsame Ereignisse und Gefühle, aus chemisch-physikalischen Prozessen der Hirnnervenzellen hervorgebracht werden könnten. Seinem Gefühl nach gab es einen unüberwindbaren qualitativen Sprung zwischen der biochemischen und der geistigen Ebene. In diesem Grundempfinden des Mißtrauens gegenüber naturwissenschaftlicher Methodik und Interpretation angesichts psychisch-geistiger Vorgänge könnte auch die Triebkraft für die Suche nach philosophischer Grundlage für medizinisches Handeln gesehen werden.

---

7 Boss 1973, S.79
8 Bei der Engrammtheorie handelt es sich um eine von Richard Semon (1859–1918) 1904 beschriebene Theorie. Danach sind die sog. Engramme Gedächtnisspuren (= Erinnerungsspuren, mnestische Spuren), die dadurch entstanden sind, daß ein Reiz Veränderungen in der organischen Hirnsubstanz bewirkt hat. Der Begriff „Engramm" wird in der Analogie eines bereits bei Aristoteles verwendeten Bildes vom „Eindruck", den ein Siegelring im Wachs hinterläßt, verwendet, um die Registrierung von Erlebniseindrücken im Zentralnervensystem zu beschreiben.

1924 ging er in seinem ersten Auslandssemester an die Salpêtrière nach Paris[9]. Auch dort kam er mit neurologischen und psychiatrischen Problemen in Berührung.

Ein Zufall lenkte Boss zur Vertiefung seines Interesses an der Psychiatrie. Während eines staatlich vorgeschriebenen Wiederholungskurses als Sanitätskorporal beim schweizer Militär stieß er Anfang der zwanziger Jahre bei seinem vorgesetzten Hauptmann auf Sigmund Freuds (1856–1939) *Vorlesungen zur Einführung in die Psychoanalyse*. Diese Freud-Schrift weckte die Neugier in Boss, da sie sich auf systematische Weise mit der Seele des Menschen und ihren Geheimnissen befaßte.

„Die Freud-Schrift eröffnete mir eine unerhört neue, faszinierende Welt, von der ich während meines bisherigen Medizinstudiums noch nicht die geringste Ahnung vermittelt bekommen hatte. Sämtliche Rätsel der Menschenseele und viele des Leibes dazu fanden in diesem Buch ihre bündige Erklärung in leicht eingängigen Triebformeln."[10]

Damals empfand Boss die Freudschen Theorien als schlüssig, da sie den im Studium erlernten chemisch-physikalischen Naturgesetzen in ihrem Kausalitätsstreben glichen.

1925 verbrachte Boss ein Sommersemester in Wien, wo er u.a. auch Freud aufsuchte und eine Lehranalyse bei ihm in der Bergstraße 19 begann. Diese bestand aus sechs Stunden wöchentlich und wurde über sechs Monate durchgeführt.[11] Die Erfahrung, die er in dieser Lehranalyse macht, schildert er vor allem als ein Gefühl des völligen „Entlarvtwerdens".

„Anhand meiner sogenannten freien Assoziationen bekam ich rasch die ganze Wucht von Freuds Entlarvungswut am eigenen Leib zu spüren. Nichts war mehr das, was es eben noch zu sein schien. Alles war nurmehr verhüllende Fassade, die immer wieder neue Schlechtigkeiten verbergen wollte."[12]

---

9 Condrau 1965, S. 19
10 Boss 1973, S. 80
11 Dies ist die Angabe, die Boss selbst im Interview mit Prof. Dongshick Rhee macht (1992, S. 40); bei Erik Craig sind es nur insgesamt 30 Stunden (1993, S. 259).
12 Boss 1973, S. 81

Medard Boss erstaunte die offensichtliche Diskrepanz zwischen dem, was Freud in seiner deterministischen Triebtheorie einerseits vertrat, und der Art und Weise andererseits, wie menschlich und respektvoll – mit Achtung vor dem Menschen als freien Wesen und keineswegs als „Triebbündel"[13] – er sich als Therapeut dem Studenten Boss gegenüber verhielt. So steckte er Boss des öfteren Taschengeld zu, wenn in der Analysestunde sein Magen zu sehr knurrte. Er wußte, daß Boss die Analysestunden von seinem Essensbudget absparen mußte, da sein Vater eine Psychoanalyse nie unterstützt hätte.[14]

Nach seiner Rückkehr nach Zürich setzte Boss seinen Ausbildungsweg in der Psychonanalyse bei Hans Behn-Eschenburg (1893–1935) fort. Auch später war er der Meinung, daß er ohne Freud, sein Werk und seine Schüler kein daseinsanalytischer Therapeut hätte werden können und schreibt seiner Lehranalyse eine „entscheidende und befreiende Förderung seiner menschlichen Reifung" zu.[15]

Medard Boss nahm 1928 nach der Beendigung seines Medizinstudiums eine Assistentenstelle an der Psychiatrischen Universitätsklinik Burghölzli in Zürich an, die er vom damaligen Oberarzt und späteren Ordinarius von Basel, John Staehelin (1891–1969), angeboten bekam. In dieser Zeit fertigte er seine Dissertation *Zur erbbiologischen Bedeutung des Alkohols*[16] unter Hans W. Maier (1882–1945) an und wurde 1929 promoviert.

Während seiner Assistenzarztzeit (1928–1932) unter Eugen Bleuler und Hans W. Maier an der Klinik Burghölzli wurde er für eineinhalb Jahre zu Auslandsstudien beurlaubt. Sechs Monate davon verbrachte er am National Hospital for Nervous Diseases in London, da er neben der Ausbildung in der Psychiatrie auch seinen Einblick in die Neurologie vertiefen wollte. Er arbeitete dort unter William John Adie (1886–1935) und Samuel Alexander Linnier Wilson (1874–1937). Am Londoner Institut für Psychoanalyse begleitete er als Ausbildungskandidat Ernest Jones (1879–1958) bei seinen Untersuchungen.

---

13 Boss 1973, S. 81
14 Craig 1993, S. 259
15 Boss 1973, S. 82
16 Boss 1929

In Berlin setzte er anschließend seine psychoanalytische Ausbildung am Eitingtonschen Psychoanalytischen Institut unter der Supervision von Karen Horney (1885–1952)[17], Otto Fenichel (1897–1946) und Harald Schultz-Hencke (1892–1953) fort und betätigte sich nebenbei als Hospitant an der Neurologischen Abteilung Kurt Goldsteins (1878–1965) am Moabiter Krankenhaus (1932). Außerdem nahm er an Seminaren von Hanns Sachs (1881–1947), Wilhelm Reich (1897–1957) und Siegfried Bernfeld (1892–1953) teil.

Nach Beendigung seiner Assistenzarztzeit wurde er von 1934 bis 1939 Leiter des privaten Nervensanatoriums „Schloß Knonau", wo er sich intensiv mit der Schizophrenie beschäftigen konnte. Gleichzeitig führte er von 1935 an eine psychoanalytische Privatpraxis in Zürich. Während dieser Zeit kamen ihm – vor allem wegen des Scheiterns der Freudschen Traumdeutungen bei seinen teilweise hochgebildeten und kritischen Schizophrenie-Patienten – fundamentale Zweifel sowohl an der Traumdeutungslehre Freuds als auch an seiner „Metapsychologie."[18]

Eine weitere Entdeckung nährte zusätzlich das kritische Empfinden, das Boss mehr und mehr der Psychoanalyse gegenüber verspürte. Durch die Lektüre von Ludwig Binswangers (1881–1966) 1936 anläßlich Freuds 80. Geburtstag im Akademischen Verein für medizinische Psychologie in Wien gehaltenem Vortrag „Freuds Auffassung vom Menschen im Lichte der Anthropologie"[19] gelangte Boss zu der Meinung, Freud habe unter dem Trugschluß gestanden, alles in das naturwissenschaftliche Dogma der „lückenlosen Kausalverknüpfung"[20] zwingen zu müssen.

Lösung aus dieser Verwirrung suchte er bei dem Freud-Kritiker Carl Gustav Jung (1875–1961), der ihn 1938 mit weiteren fünf Züricher Psychotherapeuten zu einer sich zunächst einmal wöchentlich, später einmal monatlich

---

17 Horney war auch Analytikerin von Boss' erster Frau Gertrud Wissel (Craig 1993, S. 260).
18 Als Metapsychologie bezeichnet Boss die Lehre Freuds insofern, als dieser etwas hinter den eigentlichen psychischen Phänomenen vermutet, das über diese hinausgeht. Das Unbewußte und die Triebe wären Charakteristika dieser „Meta-"Ebene.
19 Binswanger 1961, S. 159
20 Boss 1973, S. 88

treffenden Arbeitsgemeinschaft in sein Privathaus in Küsnacht eingeladen hatte, und mit dem er dann auch fast zehn Jahre lang eng zusammenarbeitete.

Erst seine 1947 erschienene Habilitationsschrift *Sinn und Gehalt der sexuellen Perversionen* an der Medizinischen Fakultät der Universität Zürich beendete diese Arbeitsgemeinschaft, denn sie enthielt eine phänomenologische Kritik sowohl an Freuds „Metapsychologie[21]" als auch an Jungs Hypothesen von den Archetypen und wurde ihm von Jung zeitlebens nicht verziehen.

Die phänomenologische Betrachtungsweise, derer sich Boss in seiner Habilitationsschrift zunächst bediente, lag in geistiger Nähe zu Binswanger und erfuhr durch den späteren direkten Kontakt mit Martin Heidegger (1889–1976) und dessen Werk *Sein und Zeit* aus dem Jahre 1927,[22] das Boss nach eigener Schilderung während seiner Tätigkeit als Bataillonsarzt zur Zeit des Zweiten Weltkrieges zum ersten Mal las,[23] eine entscheidende Entwicklung mit Distanzierung von Binswanger. „Ich verstand von Heideggers Werk *Sein und Zeit* keinen Satz. Gleichwohl ließ es mir keine Ruhe mehr. Dunkel ahnte ich, daß es unheimlich Wichtiges barg."[24]

Nach dem Ende des Zweiten Weltkrieges beschloß Boss, die Hilfe Heideggers zu suchen, um sein Werk besser verstehen zu können. Wegen der negativen Gerüchte, die sich auf die Haltung Heideggers gegenüber dem Nationalsozialismus bezogen, holte Boss vor seiner Kontaktaufnahme Erkundigungen ein. Alle mündlichen Auskünfte, die er über Gewährsleute erhielt, fielen vernichtend aus. Aber das Bild, das er sich zusätzlich durch Einblick in die Akten der Universitätsbehörden, der Kommandostellen der Besatzungsmacht und der Entnazifizierungsämter machte, konnte diese Bedenken in seiner Einschätzung beheben. Er besuchte ihn 1947[25] das erste Mal auf seiner

---

21 Boss 1973, S. 94
22 Es ist aufgrund der inhaltlichen Entwicklung der verschiedenen Auflagen der Habilitationsschrift von einer starken geistigen Nähe zu Binswanger und seiner „Daseinsanalytik" zum Zeitpunkt der Habilitation auszugehen. Der Kontakt zu Heidegger baute sich erst später aus und beeinflußte dann die weiteren Auflagen entscheidend.
23 Heidegger 1987, S. VII
24 Boss 1973, S. 92
25 Boss datiert das erste Treffen auf 1946 (in Boss 1973, S. 94). An anderer Stelle (Heidegger 1987, S. IX) spricht Boss jedoch von erster Kontaktaufnahme 1947, und auch der erste abgedruckte Heidegger-Antwortbrief ist vom August 1947.

Hütte in Todtnauberg im Schwarzwald. Das war der Beginn einer langen ,,Freundschaft und geistigen Lehrzeit."[26]

Es gelang Medard Boss, Heidegger für seine psychotherapeutischen Belange zu interessieren, so daß von 1958 bis 1969 ein fruchtbares Zusammenarbeiten dieser beiden Menschen möglich wurde, das seinen Ausdruck vor allem in den ,,Zollikoner Seminaren" fand. Anläßlich dieser Seminare reiste Heidegger mehrmals im Semester nach Zürich, um je acht bis 14 Tage lang im Privathaus von Medard Boss in Zollikon, mit interessierten Ärzten und Studenten über Grundfragen der Medizin, Psychiatrie und Anthropologie nachzudenken.

Im Sommersemester 1953 erhielt Boss die Titularprofessur für Psychotherapie an der Medizinischen Fakultät der Universität Zürich mit persönlichem Lehrauftrag. Von 1955 an unterrichtete er in dieser Funktion bis 1971 (Entstehungsjahr des ,,Daseinsanalytischen Instituts für Psychotherapie und Psychosomatik") die angehenden Psychiater am ,,Institut für ärztliche Psychotherapie" in Zürich.[27] Zuvor hatte Boss bereits seit der von Manfred Bleuler (1903–1994) ins Werk gesetzten Gründung dieses Instituts im Jahre 1941, in Lehre und Ausbildung mit Gustav Bally (1893–1966) dort zusammengearbeitet.[28] Der Tod Ballys im Jahre 1966 beendete diese Zusammenarbeit. Gleichzeitig erlosch das Institut für ärztliche Psychotherapie in seiner Aktivität.

In den Jahren 1954 bis 1958 reiste Boss mehrmals als Gastdozent nach Indien (Lucknow, Delhi, Bangalore) und Indonesien (Djakarta). Seine Suche nach ,,echten" Lehrern der Weisheit hat ihm u.a. zu zwei bedeutsamen Erfahrungen verholfen: zum einen die gute und leichte Art und Weise, mit der seine Ideen bei den fernöstlichen Zuhörern aufgenommen wurden, und zum anderen die Beachtung, die seinem Werk daher zuteil wurde.

---

26 Boss 1973, S. 94
27 Boss 1973, S. 100
28 Über die Chancen, die in einer solchen Zusammenarbeit von einem Psychoanalytiker und einem Daseinsanalytiker lagen, schreibt der heutige Leiter des Daseinsanalytischen Instituts, Gion Condrau (geb. 1919): ,,Die Ausbildungskandidaten hatten somit Gelegenheit, von zwei Protagonisten aus völlig verschiedenen Lagern zu lernen – eine Situation, die für eine Brückenbildung zwischen Psychoanalyse und Daseinsanalyse geeignet gewesen wäre." (Condrau 1992, S. 5)

„Mich selbst überraschte es wohl am meisten, als ich aus heiterem Himmel zu vernehmen bekam, die in meinen wissenschaftlichen Arbeiten vertretene Auffassung entspreche dem ursprünglichen Denken der Menschen des fernen Südostens weit besser als die dort bisher allein zur Kenntnis gelangte amerikanische Psychologie und Psychotherapie. Diese sei nur mit dem Kopf gemacht. Dem indischen Menschen würde indessen nichts vollwertig erscheinen, an dem nicht Kopf und Herz gleichermaßen beteiligt seien."[29]

Zum anderen staunte Boss über die Übereinstimmungen zwischen dem Gedankengut der fernöstlichen Weisheit und der Philosophie Heideggers.

„Groß war die Überraschung, als ich oft eine bis in Einzelheiten hineingehende Übereinstimmung dieses uralten Wissens vom Menschen und seiner Welt mit den Erkenntnissen zu hören bekam, die so viel später und sehr weit abliegend unversehens im Geiste eines Menschen des deutschen Schwarzwaldes aufgegangen waren. Dabei hatten weder meine indischen Gewährsleute je auch nur Heideggers Namen gehört, noch hatte dieser das geringste vom indischen Gedankengut vernommen."[30]

Besonders beeindruckt war Boss von der Begegnung mit dem Weisen Swami Govinda Kaul im Kaschmir-Tal. Die auch darüber hinaus überaus reichhaltigen Erkenntnisse und Erfahrungen aus dieser Reise hat Boss in seinem Buch „Indienfahrt eines Psychiaters" (1959) festgehalten.

Wenige Jahre nach seiner Rückkehr aus dem Fernen Osten, 1961 und 1963, folgte er als Gastdozent mehreren Einladungen an nordamerikanische Universitäten (Psychiatrisches Departement der Universität von Californien in San Francisco, Universität Berkeley und Stanford und School of Psychiatry in Washington sowie die Universitäten von New York, Yale und Harvard), wo er meinte, einen „ontologischen Hunger"[31] vieler Ärzte und Psychologen zu spüren, den der „jahrelange dort herrschende materialistische Positivismus"[32] hervorgerufen habe. 1964 war Boss außerdem als Gastdozent in Südamerika (Buenos Aires, Mendoza; Argentinien).

---

29 Boss 1973, S. 101f
30 Boss 1973, S. 102
31 Boss 1973, S. 103
32 Boss 1973, S. 103

Das von Boss 1970 verfaßte Hauptwerk *Grundriß der Medizin* wurde fast vollständig von Heidegger gelesen und mit Korrekturen versehen. 1971 kam es zur Gründung der „Gesellschaft für daseinsanalytische Anthropologie" („Daseinsanalytische Gesellschaft"), Zürich,[33] aus der knapp neun Monate später das „Daseinsanalytische Institut für Psychotherapie und Psychosomatik" („Medard-Boss-Stiftung") hervorging. Es besteht noch heute und ist eine psychotherapeutische Ausbildungsstätte und ein poliklinischer Behandlungsort auch für mittellose Kranke.

Im Wintersemester 1973 trat Boss als Titularprofessor zurück. In den siebziger und achtziger Jahren hielt er zahlreiche Gastvorlesungen und Vorträge vor allem in Südamerika, aber auch in Frankreich, den Niederlanden, Norwegen, Kanada, Portugal und den USA. Bis kurz vor seinem Tode, am 21.12.90 in Zollikon blieb er wissenschaftlich und therapeutisch tätig. Seine Begräbnisstätte befindet sich auf dem Friedhof der Gemeinde Zollikon.

Aus seiner ersten Ehe mit Gertrud Wissler gingen zwei Söhne und eine Tochter hervor. Die Tochter lebt als Farmerin einer Rinderzucht und der jüngere Sohn als Kaffeefarmer in Brasilien[34]. Sein älterer Sohn Martin war 1968 Elektroingenieur in Kalifornien und beschäftigte sich mit der Computer-Programmierung.[35]

Am 14.03.79 schloß er den Ehebund mit Marianne Boss, geb. Linsmayer.

Medard Boss sprach über sieben Sprachen. Von einem indischen Philosophen, hatte er sogar Hindi gelernt, bevor er sich auf die Indienreise begab. Sein Lebensstil war in jeder Hinsicht aktiv und dynamisch. Eine besonders eindrucksvolle Beschreibung gibt Erik Craig, ein Kollege von Boss' amerikanischem Freund Paul J. Stern, der ihn wenige Jahre vor seinem Tod in Zollikon besuchte:

„Boss carried out a hearty, active life-style and enjoyed hiking and skiing in the mountains as well as travel and water sports in the Mediterranean,

---

33 Boss 1973, S. 100
34 Um der Tocher die Farm zu erwerben, hatte Boss eines seiner Picasso Gemälde verkauft. (Harrington Hall 1968, S. 58)
35 Harrington Hall 1968, S. 58

the Indian Ocean and the Caribbean. He even went water skiing in Barbados just a few months after receiving a gallbladder operation at the age of eighty-three!"[36]

Vielfältige Anerkennung blieb nicht aus. Boss wurde 1951 zum Präsidenten der Schweizerischen Ärztegesellschaft für Psychotherapie gewählt. Von 1954 bis 1967 war er Präsident der International Federation for Medical Psychotherapy. 1955 wurde er Gründungs- und Kuratoriumsmitglied des zur Universität Zürich gehörenden Instituts für Ärztliche Psychotherapie. 1959 ernannte ihn die Psychiatric Society of India zu ihrem Ehrenmitglied, 1962 die Royal Medico-psychological Association of Great Britain zum korrespondierenden Mitglied. 1967 wurde Boss Ehrenpräsident der International Federation for Medical Psychotherapy, 1969 Ehrenmitglied der Schweizerischen Ärztegesellschaft für Psychotherapie. 1971 wurde ihm der „Great Therapist-Award" durch die American Psychological Association verliehen. Ebenso wurde er in diesem Jahr Präsident der neugegründeten Schweizerischen Gesellschaft für Daseinsanalyse sowie der Medard Boss-Stiftung. 1973 erhielt er die Ehrenmitgliedschaft der Schweizerischen Gesellschaft für Psychosomatische Medizin und jene der Asociación Ibero-Latino-Americana de Psiquiatría.

Bis zu seinem Lebensende war Boss Mitglied der Internationalen Vereinigung für Psychoanalyse.

---

36 Craig 1993, S. 274

III Die Zusammenarbeit mit Heidegger: Zollikoner Seminare

Die Zollikoner Seminare sind in ihrer Erscheinung wohl einzigartig. In ihrem Rahmen entwickelte sich über zehn Jahre hinweg ein interdisziplinärer Dialog zwischen einem großen Philosophen und einer beträchtlichen Anzahl von Ärzten und Studierenden. Das Einzigartige liegt nicht zuletzt in der Tatsache begründet, daß ein Philosoph in diesem Seminar seine Gedanken nicht „nur für Philosophen" an der philosophischen Fakultät einer Universität formuliert, sondern durch das Gespräch mit Ärzten, Studenten und Psychotherapeuten seine komplexen Gedankengänge auf den Punkt bringt und sie so präsentiert, daß nur wenige philososophische Voraussetzungen zu ihrem Verständnis nötig sind. Die Zollikoner Seminare erlangten weltweite Berühmtheit.

Dieses Kapitel ist bewußt mit außergewöhnlich vielen Zitaten versehen, da gerade die *Entfaltung* der jeweiligen Gedanken von Heidegger von großem Interesse ist, was sich in Bruchstückform nicht nachvollziehen ließe.

III.1 Entstehung

Erstmals suchte Medard Boss brieflichen Kontakt mit Heidegger im Sommer 1947, nachdem er durch Binswanger zur Lektüre von *Sein und Zeit* gekommen war[37] und Interpretationshilfe benötigte. Zunächst hatte Boss gründliche Erkundigungen über Heideggers Rolle in der Nazizeit eingeholt und schließlich dessen Engagement als „Irrtum" verzeihlich gefunden, da der Philosoph – laut persönlichen Schilderungen aus dessen Umfeld – niemandem einen direkten und bewußten Schaden zugefügt hatte. Er bat in

---

37 Pongratz 1973, S. 92

seinem ersten Brief um Hilfe beim Verständnis von Heideggers großem Werk *Sein und Zeit* und berichtete ihm von seiner Habilitation über den „Sinn und Gehalt der sexuellen Perversionen."

Heidegger bekundete darauf in einem Brief vom 3.8.1947 Interesse an der Psychopathologie und Psychotherapie.

„Sie wissen, daß mich die Probleme der Psychopathologie und Psychotherapie nach der Seite der Prinzipien sehr interessieren, wenngleich mir die Fachkenntnisse und die Beherrschung der aktuellen Forschungsarbeit fehlen. Darum bin ich auf Ihre Habilitationsschrift sehr gespannt."[38]

Der erste Beweggrund Heideggers, den Kontakt mit Medard Boss zu vertiefen, war die Hoffnung, durch die Zusammenarbeit mit einem Arzt die Früchte seines Denkens über die philosophischen Fakultäten hinaus einem größeren Kreis zukommen zu lassen und vielleicht zur Heilung kranker Menschen beitragen zu können.

„Martin Heidegger – so gestand er selbst einmal – erhoffte sich von Anfang an viel von einer Verbindung mit einem Arzt, der sein Denken weitgehend zu verstehen schien. Er sah die Möglichkeit, daß seine philosophischen Einsichten nicht nur in den Stuben der Philosophen steckenblieben, sondern viel zahlreicheren und vor allem auch hilfsbedürftigen Menschen zugute kommen könnten."[39]

Über die auf diese Kontaktaufnahme folgenden zehn Jahre etablierten Heidegger und Boss nicht nur einen regen Briefwechsel, sondern unternahmen auch gemeinsam Reisen, meist zusammen mit ihren Ehefrauen, und besuchten einander. Während all dieser Gelegenheiten ergaben sich intensive Gepräche über das Denken Heideggers und seine Bedeutung für die Medizin, von denen einige in dem Buch „Zollikoner Seminare" wiedergegeben sind.

---

[38] Heidegger 1987, S. 299
[39] Boss in Heidegger 1987, S. X

1959 beschloß Medard Boss, daß diese Gespräche nicht nur ihm allein zuteil werden sollten, so daß er von da an Kollegen und Studenten der Psychiatrie anläßlich der Besuche Heideggers in sein Privathaus in Zürich-Zollikon einlud.

III.2 Rahmenbedingungen

Das erste Seminar fand am 8. September 1959 im Großen Hörsaal der Psychiatrischen Universitätsklinik von Zürich, ,,Burghölzli", statt. Da dieser jedoch – frisch renoviert, mit hochmodern-technischem Ambiente – keinen passenden Rahmen für das Heideggersche Denken darstellte, verlegte man das nächste Seminar und von da an alle weiteren Seminare in das Privathaus von Boss in der Bahnhofstrasse 53 in Zollikon.

Das Thema lautete ,,Das menschliche Dasein als ein Bereich des Vernehmenkönnens". Laut Condrau[40] kamen Fragen zur Behandlung wie die nach Theorie und Praxis der Psychoanalyse, nach der Sprache der Fundamentalontologie, nach der Notwendigkeit für die Psychiater, Philosophie zu studieren, und es wurde diskutiert, ob Heideggers Lehre überhaupt für eine Anthropologie herangezogen werden könne.

In der Regel hielt sich Heidegger zwei- bis dreimal pro Semester für vierzehn Tage in Zollikon auf Während dieser Zeiten waren die Seminare so eingerichtet, daß sie an zwei Abenden pro Woche stattfanden und jeweils über drei Abendstunden gingen. Dies geschah mit großer Regelmäßigkeit, die nur durch wenige mehrmonatige Auslandsreisen von Boss unterbrochen wurde. Es nahmen jeweils 50 bis 70 Ärzte, Psychotherapeuten, Theologen und Medizinstudenten an den Seminaren teil.

---

40 Condrau 1989, S. 40

Über die Atmosphäre schreibt Gion Condrau als Seminarteilnehmer:

„Dabei waren die Abende nicht nur für uns, sondern auch für ihn recht anstrengend. Heidegger hat sich immer gründlich vorbereitet, und zwar schriftlich. Ich habe nie erlebt, dass er einen Vortrag, und wäre es auch nur in unserem kleinen Zollikoner Kreise, auswendig gehalten hätte. Minutiös schrieb er seine Ausführungen von Hand auf, und die erste Stunde war dem Manuskript gewidmet. Er las mit eher monotoner und gebrochener Stimme, etwas schwerfällig. Man musste sich konzentrieren, um sich nichts entgehen zu lassen. Dies besonders deshalb, weil man wusste: bei Heidegger zählt jeder Satz, jedes Wort!"[41]

Condrau betont, daß Heidegger erhebliche Anforderungen an die Teilnehmer der Seminare stellte. Er habe es trefflich verstanden, ihnen ihr Nicht-denken-Können vor Augen zu führen, so daß es eine große Portion Mut brauchte, sich überhaupt zu Wort zu melden.[42]

Während der ersten vier Jahre der Zollikoner Seminare fanden keine systematischen Protokollierungen statt. Ab dem 24. Januar 1964 übernahm es dann Boss, wörtlich mitzustenografieren. Er diktierte das Stenografierte anschließend auf ein Tonbandgerät, danach bekam es seine Sekretärin zur Übertragung in Schreibmaschinenschrift. Das so präparierte Protokoll wurde dann jeweils zu Heidegger geschickt, der handschriftliche Korrekturen einfügte. Die von Heidegger korrigierten Protokolle in Reinschrift vervielfältige Boss für die Seminarteilnehmer zur Vorbereitung für das folgende Seminar. Es handelt sich um zwei unterschiedliche Textformen. Das Seminar vom 6. und 9. Juli 1964 wird in Dialogform Heidegger – Seminarteilnehmer wiedergegeben. Bei den restlichen Protokollen wurde das Mitgeschriebene in eine Essayform gebracht und teilweise mit Dialogstücken durchsetzt. Diese Protokolle bilden die Grundlage für die Veröffentlichung im Buch „Zollikoner Seminare" von 1987.

Das letzte protokollierte Seminar fand am 21.3.1969 statt. Später wollte Boss es dem gesundheitlich geschwächten Heidegger nicht mehr zumuten, die

---

41 Condrau 1989, S. 40
42 Condrau 1998, S. 135

Reise nach Zollikon auf sich zu nehmen. Der geistige Austausch zwischen den beiden als Philosoph und Arzt wie von Mensch zu Mensch blieb jedoch bis zu Heideggers Tod im Jahr 1976 weiterhin bestehen.

III.3 Motiv

Das Motiv der Zollikoner Seminare möchte ich anhand des gleichnamigen Buches untersuchen, das neben den Protokollen der Seminare Aufzeichnungen von Gesprächen zwischen Martin Heidegger und Medard Boss enthält, die zwischen 1961 und 1972 stattfanden und von Boss niedergeschrieben wurden. Zusätzlich sind einige handschriftlich erstellte Texte Heideggers abgedruckt, die dieser zur Vorbereitung der Seminare bzw. Zwiegespräche abgefaßt hatte. Schließlich wurde eine von Boss getroffene Auswahl von 111 Briefen aus einem Schriftwechsel aufgenommen, der 256 Briefe und 50 Postkarten umfaßt, die Heidegger zwischen 1947 und 1971 an Boss schrieb.

3.1 Grundsätzliche Begriffe

Die Thematik der einzelnen Zollikoner Seminare wird vor allem beherrscht von der präzisen Interpretation der Begriffe „Sein" und „Zeit:" Heidegger geht es darum, den Medizinern Inhalte aus dem gleichnamigen Werk zu vermitteln. Außerdem kommen die Erklärung der „ontologisch-ontischen Differenz" und in diesem Zusammenhang die Kritik an den Gedanken Binswangers zur Sprache. Heidegger erläutert wiederholt in seinen Zwiegesprächen mit Medard Boss, wie auch im Rahmen der Zollikoner Seminare selbst, das Mißverständnis Binswangers[43] und weist eindringlich auf den Unterschied zwischen ontischen und ontologischen Gegebenheiten hin.

---

43 Binswanger hatte abstrakte Charakteristika des Menschseins auf eine konkrete Ebene gebracht. So hatte er beispielsweise die Heideggersche Sorge, die dieser in einem umfassenden menschlichen „Auftrag" gemeint hatte, als ein konkretes „Gefühl" im Sinne eines „sich Grämens" mißverstanden (weitere Ausführungen dazu auch im Kap. IV)

Ontologie kann als Grundlagenwissenschaft der Philosophie gelten.[44] Sie geht auf das aristotelische Bestreben zurück, die ersten Ursachen des Seins zu erforschen. Es geht um das *Sein* der Dinge, nicht um die konkreten Dinge selbst und ihre Inhalte. Voraussetzungen und konstitutive Merkmale von *Sein* sind Thema der ontologischen Ebene. Die ontologische Ebene ist die philosophische Grundlagenebene, auf deren Boden die einzelnen ontischen Phänomene auftreten. Die ontische Ebene ist die Ebene der Phänomene selbst. So gehört beispielsweise die Gestimmtheit des Menschen zur ontologischen Ebene. Es ist ein Charakteristikum des Menschen, daß er stets auf die eine oder andere Weise gestimmt ist. Wie diese Gestimmtheit sich im einzelnen konkretisiert, d.h. wie er konkret gestimmt ist, ob fröhlich, traurig, leer, heiter, gehört der ontischen Ebene an.

Auch die Begriffe Daseinsanalytik und Daseinsanalyse lassen sich den beiden soeben beschriebenen Ebenen zuordnen: erstere der ontologischen, letztere der ontischen Ebene. Beide Begriffe werden allerdings von den verschiedenen Autoren Heidegger, Boss und Binswanger in unterschiedlicher Bedeutung gebraucht. Binswanger benutzt die Daseinsanalyse, um eine neue Psychopathologierichtung zu beschreiben. Das Mißverständnis liegt nahe, daß die Daseinsanalyse der Freudschen Psychoanalyse begrifflich gegenüberzustellen ist. In Wirklichkeit sind jedoch die Begriffe Daseinsanalyse und Daseinsanalytik beide dem Heideggers *Sein und Zeit* entnommen. Heidegger selbst definiert Daseinsanalytik im Zollikoner Seminar vom 26. Nov. 1965 folgendermaßen: „Die Daseinsanalytik ist eine bestimmte ontologische Interpretation des Menschseins als Dasein und zwar im Dienste der Vorbereitung der Seinsfrage."[45] Das heißt, daß es sich bei der *Daseinsanalytik* nicht um eine Anthropologie handelt, sondern um die Beleuchtung der Voraussetzungen des Menschseins überhaupt, also um Reflexionen auf ontologischer Ebene. Als eine mögliche Bedeutung der *Daseinsanalyse* nennt Heidegger die anthropologische Daseinsanalyse. Sie stellt eine daseinsanalytisch geprägte ontische Anthropologie dar. Diese ist es im Grunde, mit der Boss sich als Arzt beschäftigt.

---

44 Heidegger 1987, S. 236ff und S. 286f
45 Heidegger 1987, S. 162

3.2 Die Grundlagen der naturwissenschaftlichen Medizin aus der philosophischen Sicht Heideggers

Ausführlich wird in den Zollikoner Seminaren das Verhältnis zwischen Medizin und Naturwissenschaft diskutiert. Heidegger unternimmt den Versuch, bei den Seminarteilnehmern das Bewußtsein dafür zu wecken, daß ihr naturwissenschaftliches Menschen- und Weltbild sich im Horizont der Geschichte philosophischen Denkens befindet und nicht verabsolutiert werden darf Er weist darauf hin, daß der Eindruck, die Physik habe die *Meta*physik ersetzt und verdrängt, ein nicht durchdachter ist. Metaphysik sei ja gerade das hinter der Physik liegende, über sie hinausgehende Fundament. Dieses Fundament, zu dem auch die Reflexion der eigenen Methoden und deren philosophische Einordnung gehört, sieht Heidegger in der modernen Medizin vernachlässigt. Erkenntnistheoretische Fragen wie „Was erkenne ich eigentlich, wenn ich die Wirklichkeit auf naturwissenschaftlich-analytische Art untersuche? Welche stillschweigenden Annahmen über die Sache – z.B. die Sache, die ich untersuchen will, ist meßbar – setze ich voraus?" stelle sich die naturwissenschaftliche Medizin in der Regel nicht.[47]

Ein Hauptkriterium der modernen medizinischen Forschung ist die Objektivierbarkeit von Ergebnissen. Heidegger setzt die *Wissenschaftlichkeit* dagegen nicht in die Objektivierbarkeit, sondern in die Frage, ob die Art der Untersuchung der zu untersuchenden Sache entspricht. Bevor man einen Sachverhalt wissenschaftlich untersuche, fordert Heidegger, müsse man sich erst einmal über sein Wesen klar werden, um zu einer sachgemäßen Methodik zu gelangen. Er unterscheidet eine strenge Wissenschaft von der exakten Wissenschaft. Die exakte Wissenschaft könne es nur bei *berechenbaren* wissenschaftlichen Gegenständen geben. Die strenge Wissenschaft habe ihrer Sache angemessen, also bei nicht berechenbaren Sachen gerade *nicht exakt* zu sein, und dennoch sei sie strenge Wissenschaft.

„Es gibt auch Sachen, die ich gar nicht erfasse, wenn ich sie zum Gegenstand eines begrifflichen Vorstellens mache. Eine Angst oder eine Furcht ist kein

---

47 Heidegger 1987, S. 160

Gegenstand. Ich kann sie höchstens zum Thema machen. Also gehört zur Strenge einer Wissenschaft, daß sie in ihren Entwürfen und in ihrer Methode der Sache angemessen ist. Aber nicht jede strenge Wissenschaft ist notwendig exakte Wissenschaft. Exaktheit ist nur eine bestimmte Form der Strenge einer Wissenschaft, weil es Exaktheit nur da gibt, wo der Gegenstand im vorhinein als etwas Berechenbares angesetzt ist. Wenn es aber Sachen gibt, die ihrer Natur nach der Berechenbarkeit widerstreben, dann ist jeder Versuch, deren Bestimmung an der Methode einer exakten Wissenschaft zu messen, unsachlich."[48]

In diesem Rahmen charakterisiert Frick 1993 als Leitmotiv der Zollikoner Seminare das Bestreben Heideggers, Psychisches vor einer Vergegenständlichung zu bewahren, die aus einer Konstitution, einer existentiell menschlichen Verfassung, etwas Meßbares, ein Ding macht. Es ist also in der Psychopathologie weder ein Subjekt, noch ein Objekt, noch eine Unterscheidung zwischen beiden sinnvoll, da dies die psychopathologischen Vorgänge *vergegenständlichen* würde. Vergegenständlicht können sie jedoch dem menschlichen Wesen und seinem Leiden nicht mehr gerecht werden.

„Auf jeder Seite der Zollikoner Seminare warnt Heidegger vor einem vergegenständlichenden Neukantianismus in der Psychopathologie, der alles Psychische als Seiendes vorstellen, entwerfen und messen möchte. Ich verstehe dies nicht als Aufforderung zu einer sektiererisch-daseinsanalytischen Psychopathologie, sondern als philosophische Mahnung zum Respekt gegenüber dem Patienten, der den Verlust der natürlichen Selbstverständlichkeit und damit die ontologische Dimension unseres Daseins erleidet. Wenn wir das Nichts weder als Gegenteil noch als Gegenbegriff zum Seienden auffassen, sondern als zum ursprünglichen Wesen unseres Daseins gehörig, dann haben wir kein Recht, dem Existieren des psychisch Kranken, seiner *physis*, die „philosophische" Erfahrung der *steresis* abzusprechen."[49]

Das bedeutet für die Haltung des Arztes, daß er sich bewußt machen sollte, daß der „Gegenstand", den er behandeln will, eben kein Gegenstand ist,

---

[48] Heidegger 1987, S. 173
[49] Frick 1993, S. 63f

wie z.B. ein Tisch, den man naturwissenschaftlich vermessen kann. Vielmehr ist der Mensch vom Tisch qualitativ so unterschiedlich, daß dem Wissenschaftler wichtige Informationen über den Patienten und sein Leiden und Befinden verlorengehen, wenn er ihn nur auf das Meßbare reduziert wahrnimmt.

Für Heidegger mündet diese Reduktion des Menschen auf biochemische Vorgänge und somit auf Gegenständliches letztlich in eine inhumane Haltung:

,,Denn ich bin doch kein Ablauf von Vorgängen, das ist unmenschlich. Daß zum Beispiel ein Examen stattfindet, ist nicht einfach ein Vorgang, wie es zum Beispiel regnet, sondern etwas Geschichtliches innerhalb einer menschlichen Situation einer menschlichen Lebensgeschichte."[49]

Zusätzlich weist der Philosoph auf eine gedankliche Inkonsequenz hin, die der Reduktion des Menschen auf einen komplizierten biochemischen Prozeß zugrundeliegt: der einzelne Forscher selbst nimmt sich ganz anders wahr als eine Summe gleichzeitig ablaufender biochemischer Prozesse, was besonders als ,,Privatperson" zum Ausdruck kommt. Um diese Inkonsequenz zu verdeutlichen, greift Heidegger die Gehirnforschung heraus und beschreibt die absurd anmutende, jedoch konsequenterweise entstehende Situation, daß in der Forschung ein Hirnprozeß, nämlich der Forscher, sich mit Hirnprozessen, seinem Forschungsthema, beschäftigt.

,,Wenn zum Beispiel behauptet wird, die Gehirnforschung sei eine Grundlagenwissenschaft der Erkenntnis des Menschen, so schließt diese Behauptung in sich, daß das wahre und das wirkliche Verhältnis von Mensch zu Mensch ein Wechselbezug von Hirnprozessen sei, daß in der Gehirnforschung selbst als Forschung nichts anderes geschieht, als daß ein Gehirn ein anderes in bestimmter Weise, man sagt jetzt: informiert und nichts außerdem."[50]

---

[49] Heidegger 1987, S. 263
[50] Heidegger 1987, S. 123f

Im privaten Bereich dagegen wird beispielsweise ein Kunstgegenstand in der Regel nicht als das Zufallsprodukt eines Hirnprozesses wahrgenommen, sondern vielmehr als Werk eines geistbegabten Wesens.

„Dann ist zum Beispiel die Bewertung eines griechischen Götterstandbildes im Akropolismuseum während der Semesterferien, also außerhalb der Forschungsarbeit, in Wirklichkeit und Wahrheit nichts anderes als das Aufeinandertreffen von einem Gehirnprozeß des Betrachters mit dem Produkt eines Gehirnprozesses, dem vorgestellten Standbild. Versichert man jedoch während der Ferien, so sei es natürlich nicht gemeint, dann lebt man mit einer doppelten oder dreifachen Buchführung, die sich freilich mit der sonst beanspruchten Strenge der Wissenschaftlichkeit schlecht zusammenreimt."[51]

Da es sich jedoch in beiden Fällen, in der Gehirnforschung wie in der Kunstbetrachtung um den Menschen und sein Schaffen handelt, fordert Heidegger eine konsequente gedankliche Gleichbehandlung.[52]

In diesem Sinne übt Heidegger in einem handschriftlich am 13.11.1966 verfaßten Text außerdem Kritik an der kausalgenetischen Krankheitsauffassung. Diese ließe außer acht, daß der kausalgenetischen Erklärung erst einmal eine Klärung des Wesens des zu Erklärenden vorausgehen müsse; sie wisse somit gar nicht, *was* genau sie nun erklären wolle.

„Es könnte doch sein, daß eine sachgerechte Klärung des Wesens eines Krankheitszustandes dazu führt, daß dieses sein Wesen die Möglichkeit verbietet, es kausalgenetisch erklären zu wollen."[53]

Diese Frage nach dem Wesen einer Erkrankung wird aber von der Naturwissenschaft gar nicht gestellt. Das heißt, die Frage des methodischen

---

51 Heidegger 1987, S. 123f
52 Auf diese Differenz weist auch Plessner hin, wenn er meint, der Körper als Schauplatz physiologischer Mechanismen könne nicht von Gefühlen getroffen werden, sondern auch wieder nur von physischen Reizen z.B. akustischer Art durch Worte. Wo aber Verstand, Geist, Gewissen und Herz fehlen, da werden die Worte, die gehört werden, gar nicht zu Reizen. (Plessner 1982, S. 231)
53 Heidegger 1987, S. 266

Vorgehens wird vernachlässigt. Eine derartig vorgehende Wissenschaft muß sich von Heidegger den Vorwurf der Unwissenschaftlichkeit gefallen lasssen.

Zusätzlich weist Heidegger auf einen weiteren Aspekt bzw. Mangel der kausalgenetischen Auffassung hin. Fasse nämlich der Arzt sich als der Grund zur Heilung auf, so könne kein Miteinander auf einem zwischenmenschlichen Grund und Boden entstehen, da es sich um eine Subjekt-Objekt-Beziehung handeln würde.

„Anlaß gleich Auslösen, meint das, daß die Ursache effizient wird? Wenn ich zum Beispiel einem Malariakranken Chinin gebe, bin ich nur der Anlaß dafür, daß das Chinin die Amöbe abtötet. Der Leib das Patienten heilt ihn dann. Wenn der Arzt weiß um sein bloßes Anlaß-sein, kann das Mitsein bei einer solchen Therapie durchaus noch bestehen; wenn der Arzt aber sich selbst so auffaßt, als würde er die Heilung bewirken an einem Objekt, dann ist das Menschsein und Mitsein weg."[54]

Heidegger hebt hier im übrigen den einzigen im heutigen Denken gegenüber der aristotelischen Ursachenlehre noch verbliebenen Ursachenbegriff hervor, die „causa efficiens", die Wirkursache, die dem kausalgenetischen Forschen zugrundeliegt. Die weiteren Ursachentypen des Aristoteles: causa finalis, causa materialis und causa formalis aber werden heute vernachlässigt. Heidegger weist darauf hin, daß die Feststellung Kants in seiner „Kritik der Urteilskraft" unberücksichtigt bleibt, mit dem mechanisch-kausalen Verhältnis könne nur die unlebendige Natur erklärt werden, und schon einfache Lebenserscheinungen könnten ohne den Aspekt der Finalität nicht verstanden werden.[55]

Ganz klar stellt Heidegger den Qualitätssprung heraus, der in der physiologischen Betrachtung einer zwischenmenschlichen Beziehung und einer inhaltlich-phänomenologischen Annäherung besteht. Die Physiologie übersetzt ein mitmenschliches Phänomen ins biochemische Vokabular. Durch diesen Übersetzungsvorgang ist dieses Phänomen jedoch nicht mehr das, was es vorher war. Im folgenden Zitat wird vor allem die Differenz von

---

54 Heidegger 1987, S. 263
55 Boss 1952, S. 53

Biologie und Psychologie, aber noch nicht Anthropologie betont. Subjektivität und persönliche Beziehung sind nicht auf Biochemie zu reduzieren.

„Das Physiologische ist eine notwendige Bedingung für die Möglichkeit eines menschlichen Bezuges zum anderen. Aber allein schon das Faktum, daß die Patientin eigentlich ein „Du" sieht als Mitmenschen, das ist doch keine Sinnesempfindung. Es gibt doch kein Sinnesorgan für das, was heißt: „der andere". Das Physiologische ist keine hinreichende Bedingung im wörtlichen Sinne von hin-zu-reichen, daß sie nicht zum anderen hinüberreicht und den Bezug ausmachen kann. Das Physiologische ist eine auf einer Extratour erfolgte Vergegenständlichung von etwas am Menschen, welche Vergegenständlichung nicht mehr ins Menschliche zurückgenommen werden kann. Das, was physiologisch umgedeutet wird als chemisch-physikalischer Prozeß, erscheint im unmittelbaren mitmenschlichen Bezug phänomenal ganz anders."[56]

Heidegger führt weiter aus, daß biochemische Prozesse zwar Bedingung für die menschlichen, auch psychischen Phänomene seien, nicht aber ihre hinreichende Ursache. Es gebe kein psychisches Phänomen, das nicht irgendwie auch seine biochemische Seite hätte, aber der Umkehrschluß, daß die biochemische Seite das psychische Phänomen verursache, sei nicht zulässig. Vielmehr liege allem zugrunde etwas nicht Molekulares, nämlich der „existentielle Bezug".

„Aus dem Faktum, daß durch chemische Eingriffe in das als etwas Chemisches umgedeutete Leibliche etwas bewirkt werden kann, wird geschlossen, daß der Chemismus des Physiologischen der Grund und die Ursache des menschlich Psychischen sei. Dies ist ein Fehlschluß; denn etwas, was Bedingung ist, d.h. solches ohne das der existentielle Bezug nicht vollziehbar ist, ist nicht Ursache und deshalb auch nicht der Grund. Der existentielle Bezug besteht nicht aus Molekülen, wird nicht durch sie hervorgebracht, aber ist nicht ohne das, was in ein physiologisch-molekulares Geschehen umgedeutet werden kann. Wäre das Physiologische der Grund des Menschlichen, müßte es z.B. „Abschiedsmoleküle" geben. Die che-

---

[56] Heidegger 1987, S. 199f

misch-physikalische Wissenschaft ist nichts Chemisches. Die Leute nehmen also etwas Nicht-chemisches in Anspruch für ihre Theorien. Sie benötigen für die Aufstellung ihrer Behauptung, daß das Seelische etwas Chemisches sei, etwas Nicht-Chemisches, nämlich einen bestimmten Weltbezug, ein bestimmtes Weltverhältnis im Sinne der Vergegenständlichung ins Berechenbare."[57]

Der Philosoph verwahrt sich gegen die Kritik, sein Denken sei wissenschaftsfeindlich. Dabei betont er, daß es sich nicht um eine Feindschaft gegen die Wissenschaft als solche handle, sondern um die Kritik an einer sich als absolut sehenden Wissenschaft und der in ihr herrschenden Besinnungslosigkeit hinsichtlich ihrer eigenen Voraussetzungen und Grenzen.[58]

Als Gefahr dieser sich absolut setzenden Wissenschaftsauffassung jedoch sieht Heidegger die drohende Selbstzerstörung des Menschen. In der neuzeitlichen Wissenschaft verstehe sich der Mensch selbst als das maßgebende Subjekt, für das alles Erforschbare zum Objekt werde. Wahr sei dann nur noch, was objektivierbar sei. Das Denken existiere infolgedessen nur noch als „rechnendes Denken", alle anderen Arten und Weisen des Nachdenkens, wie z.B. das Nachdenken über Schönheit und Wahrheit verlieren mehr und mehr ihre Bedeutung, da es nicht zweckmäßig auf einen Nutzen ausgerichtet sei.

Neben diesen philosophischen Inhalten wurden in den Seminaren auch praktische psychiatrische Bezüge behandelt. Thematisiert wurde beispielsweise der gestörte Zeitbezug des psychisch Kranken. So neigen z.B. depressive Menschen dazu, sich gedanklich ganz in die Vergangenheit zurückzuziehen und daran festzuhalten. Sie können weder offen sein für das, was ihnen in der Gegenwart begegnet, noch für Planungen, die die Zukunft betreffen.

Außerdem wurde das Wesen der Krankheit als Privationsphänomen besprochen. Mit Privationsphänomen ist die Abwesenheit von Gesundheit gemeint. In der Krankheit wird dem eigentlich mit Offenheit begabten Menschen

---

57 Heidegger 1987, S. 199f
58 Heidegger 1987, S. 124

etwas von seinen Möglichkeiten abgezogen. Der Schizophrene ist um seine Offenständigkeit gebracht, da er in seinen Wahnvorstellungen nicht mehr adäquat auf die Dinge, die ihm begegnen, reagieren kann.

3.3 Der Briefwechsel rund um die Zollikoner Seminare

Einige Bemerkungen seien zu den sich ebenfalls im Buch befindlichen Briefen Heideggers an Boss angefügt. Diese zeichnen sich durch eine große thematische Bandbreite aus. Die Themen reichen von Bitten um Schokoladenpäckchen in der Nachkriegszeit und von Reiseplanungen über die Kritik am Selbstverständnis der naturwissenschaftlichen Medizin, die ontologische Differenz und den Austausch über aktuelle wissenschaftliche Dispute, die Kernphysik, Bemerkungen zu Lacan, Sartre, Binswanger, Blankenburg, Uexküll, Bally, Weizsäcker, Beaufret, von Gebsattel, Heisenberg u.a. bis zu Hölderlin und Goethe.

An zahlreichen Stellen drückt sich auch in diesen Briefen das Interesse Heideggers aus, das kausalistisch-mechanistische Denken der Naturwissenschaft an seinen Platz zu verweisen. Heiddegger betont nachdrücklich, wie notwendig es sei, daß die Wissenschaft, die sich mit dem Menschen beschäftigen will – so auch die psychiatrische Wissenschaft – sich auf ihren Grund und Boden besinne. Er weist darauf hin, daß dieser Grund und Boden sich nicht in ihr selbst befinden könne.

„Die Herrschaft des technisch-rechnerischen Denkens stützt sich so sehr auf den Effekt und das Faszinierende des Fortschritts, daß sie heute vorerst kaum zu erschüttern ist.

Aber deshalb darf das einfache „Sehen" der Phänomene nicht preisgegeben werden, schon deshalb nicht, weil auch das technische Denken sich notwendig und daher überall auf einem Minimum von unmittelbar gesehenen Phänomenen gründet. Die Hauptschwierigkeit bleibt, daß man vor lauter Bäumen der technischen Erfolge den Wald nicht sieht; das heißt: das einfache Dasein. Indes wird auch dieses mehr und mehr dem technischen Verzehr ausgesetzt."[59]

Boss und Heidegger behandeln in ihrem Briefwechsel außerdem die didaktischen Probleme der Zollikoner Seminare. Es tauchte u.a. die Frage auf, warum die Anwesenden sich mit dem Nachvollziehen der Heideggerschen Grundgedanken schwer taten. Heidegger bezeichnet als Voraussetzung für eine Einsicht eine Öffnung gegenüber ungewohnten Gedanken, eine vorurteilsfreie Offenheit. Er schlägt daher in einem Brief zur Vorbereitung eines Zollikoner Seminars vor, man möge doch nicht immer von psychiatrischen Einzelfragen ausgehen, sondern einmal am anderen Ende beginnen, nämlich bei einem Philososophen.

„Es schadet nichts, wenn die Ärzte auch etwas über *Kant* in ihrer Bibliothek stehen haben. In Kants Denken kreuzt sich das Denken seit Descartes und in den Ansätzen das Denken der letzten 1 1/2 Jahrhunderte. Es soll also einmal ein Seminar werden, wo nicht über Psychologie und Psychoanalyse gesprochen wird – Denkweisen der Vorstellungsarten, die besonders geeignet sind, daß das Denken ein *verhocktes* wird, weil man durch die Reduktion auf die ungeklärte Subjektivität die ganze Welt „erklären" kann. Mit der Erörterung von Einzelfragen ist der „Sturheit" nicht beizukommen."[60]

Persönliche Sätze wie „(...) Meine Zahngeschichte ist langwieriger und lästiger als ich dachte; vor allem macht die Prothese des Unterkiefers Schwierigkeiten beim Essen und Sprechen. Jenes verlangt weiche Kost, dieses Übung im Sprechen, was ich durch lautes Lesen von Goethes Italienischer Reise übe."[61] stehen neben philosophischen Gedanken.

Auch Heideggers Bruder Fritz, der in seiner Geburtsstadt Meßkirch lebte, findet in Zusammenhang mit dem berühmten „Feldweg"[62] in einem Brief Erwähnung: „Wenn ich täglich allein oder mit dem Bruder, der nicht in bester Verfassung ist – *zu* sehr isoliert hier und für eigene Initiative oft durch die Bank überarbeitet – wenn wir also auf dem Feldweg gingen oder durch die Wälder, kam uns der Weltbetrieb wie ein Narrenhaus vor."[63]

---

59 Heidegger 1987, S. 324
60 Heidegger 1987, S. 334
61 Heidegger 1987, S. 345f
62 gleichnamiges Buch Heideggers (1953)
63 Heidegger 1987, S. 316

Die Erwähnung des Bruders ist insofern von Interesse, als dieser mit den Wurzeln von Heideggers bodenständigem Denken in Verbindung gebracht werden kann:

„Wenn das Denken die Faktizität des Lebens in sich selbst aufhebt und so dessen faktische Einzelheit übersteigt und Weltoffenheit gewinnt, kann das Denken auch umgekehrt zurückverfolgt werden bis an den Ort, an dem es selbst wurzelt. Für mich war es, als sei der Mensch Fritz Heidegger der Teil des heideggerschen Denkens, der als Wurzel in der Erde bleibt. An Fritz Heidegger wurde mir deutlich, wie lebendig der Geist schwäbischer Bodenständigkeit in Heideggers Denken wirkt. Jeder lange Fluß verdankt sich einer Quelle, die ihn entspringen läßt. Auch im langen Fluß eines Denkens lebt die Quelle dieses Denkens. Dieses Leben ist, auch wenn es das Denken nicht weiß, ja gerade weil es das Denken nicht weiß, die Quelle des Denkens."[64]

Den Abschluß des Buches über die Zollikoner Seminare bildet ein Brief von Medard Boss an Heidegger, den er zu dessen 80. Geburtstag verfaßt hat. Einige Zitate daraus möchte ich an das Ende dieses Kapitels stellen. Es sind Worte, die die Freundschaft dieser beiden Menschen zum Ausdruck bringen.

„Als ich Ihnen oben in Ihrer Schwarzwaldhütte ein erstes Mal leibhaftig hatte begegnen dürfen, war ich aufs tiefste betroffen. Nicht Ihrer äußeren Gestalt wegen, obgleich auch sie mein Erstaunen hätte wachrufen können. Einen Menschenschlag dieser Art war ich wohl bei den südfranzösischen Weinbauern anzutreffen gewohnt, nicht aber unter Deutschen. Doch all dies trat hinter Ihren Augen und Ihrer hohen Stirn zurück. Von dort ging die Strahlung einer Denkkraft aus, die bis zum äußersten leidenschaftlich und nüchtern zugleich war und sämtliche Schranken eines menschlichen Intellekts zu durchdringen schien. Heimlich und leise in sie verwoben war eine unerhörte Zartheit und Empfindsamkeit des Herzens (...).

Als der entschieden Weltgewandtere hielt ich es alsbald für meine Pflicht, die vollkommene Menschenabgeschiedenheit, in der ich Sie vorfand, zu durchbrechen. Die anfangs der fünfziger Jahre unternommene erste gemein-

---

[64] Ôhashi 1982, S. 205

same Auslandsreise, die uns bis nach Perugia und Assisi führte, deutete ich als einen ersten, kleinen Erfolg."[65]

Auch in diesem – in gewissem Sinne von Boss als Abschiedsbrief bezeichneten – Brief mischen sich die freundschaftlichen Gedanken mit den philosophischen, ein Ausdruck der innigen Verwobenheit dieser beiden Ebenen in der Beziehung zwischen Boss und Heidegger. Als Fundament dieser Begegnung deutet sich auf vorsichtige Weise gar eine Art religiöse Dimension an.

„Wie und wohin sollte denn – gäbe es kein Wesen von der Art des offenständigen Mensch-Seins – irgendetwas anwesen, sich entbergen, das heißt: sein können? Mit diesen Funden Ihres Denkens gaben Sie uns Ärzten die wahre Würde des Menschen zu erkennen. Indem Sie aber diese Menschenwürde als etwas nicht vom Menschen selbst Verfertigtes nachwiesen, kam eine dritte Wurzel, die Stammwurzel unserer Freundschaft, ans Licht. Es ist unser beider von weit her stammendes Durchdrungen-Sein vom Wissen um das In-Anspruch-genommen- und Gebraucht-Sein des Menschen von solchem, das ihn haushoch überragt. War meine Hingabe an solchen Auftrag eher dumpfer Art, ehe Sie mir den Star stachen, und wird sie auch entsprechend dem Abstand zwischen einem Genie und einem gewöhnlichen Mann immer von unterschiedlicher Stärke bleiben, meine gleichgerichtete Anstrengung schien Ihnen einer freundschaftlichen Beachtung wert zu sein."[66]

---

[65] Heidegger 1987, S. 363f
[66] Heidegger 1987, S. 366f

IV Grundzüge der Daseinsanalyse nach Medard Boss

Einen therapeutischen Grundpfeiler stellt in der Daseinsanalyse die Hilfeleistung für den Patienten dar, zu sich selbst und zu der Vielfalt seiner Lebensmöglichkeiten zu gelangen.

„Als Psychotherapeuten wollen wir im Grunde alle unsere Patienten zu sich selber befreien. Um dies tun zu können, müssen wir allerdings erst wissen, auf was für eine Sache wir uns beziehen, wenn wir ‚Selbst' sagen. Wir meinen damit das Existieren des Menschen. Dieses aber besteht aus nichts anderem als aus dem Gesamt der uns angeborenen Wahrnehmungs- und Verhaltensmöglichkeiten den uns in unserer Welt begegnenden Dingen und Mitmenschen gegenüber. Mit unserer psychotherapeutischen Befreiung wollen wir deshalb unsere Kranken ‚nur' dazu bringen, dass sie die Lebensmöglichkeiten, aus denen sie bestehen, als die *ihren* verantwortlich übernehmen und frei über sie verfügen können."[67]

Dabei sollen diese Verhaltensmöglichkeiten nach Boss nicht durch ein künstlich anerzogenes Gewissen gehemmt werden, sondern dem eigenen Gewissen natürlich unterstellt sein.

„Dies heisst zugleich, dass wir sie den Mut gewinnen lassen wollen, ihre Verhaltensmöglichkeiten ihrem eigensten Gewissen – nicht irgendeinem ihnen aufoktroyierten Pseudogewissen – gemäss in ihren mitmenschlichen sozialen Beziehungen auszutragen."[68]

Mit dieser therapeutischen Haltung steht Boss auf dem philosophischen Untergrund der Philosophie Heideggers. Daraus resultiert ein intensiver Dialog zwischen den beiden Fachgebieten Medizin und Philosophie.

---

67 Boss 1970, S. 789
68 Boss 1970, S. 789

„Miteinander zu reden begannen in den allerletzten Jahren auch die einander bisher unnahbar gegenüberstehenden Züricher Fakultäten der Medizin und Philosophie. Seither stehe ich mit einem Bein in jener, mit dem andern in dieser Abteilung. Mir selbst bekommt diese Gangart ausgezeichnet. Auch die meisten Psychologen scheinen daran Freude zu haben. Mißtrauisch bleiben dagegen etliche Mediziner. Die in einem rein naturwissenschaftlichen, materialistisch-positivistischen Denken Verhärteten unter ihnen tun dies mit gutem Grunde."[69]

Den Grund für dieses Mißtrauen sieht Boss in der Angst dieser Mediziner, er wolle die naturwissenschaftlichen Grundlagen der Medizin entziehen. Tatsächlich relativiert die phänomenologische Betrachtungsweise den Absolutheitsanspruch des Positivismus in der Medizin.

„Ich jedenfalls bin gewiß der letzte, der ihnen ihr Mißtrauen verargen würde. Schließlich gehöre ich zu jenen Leuten, die sich zum Wohle der uns anvertrauten Kranken und gesunden Menschen seit Jahrzehnten und aus Leibeskräften bemühen, den Naturwissenschaftlern den von ihnen usurpierten – allerdings *nur* den ursurpierten – Boden unter ihren Füßen wegzuziehen."[70]

Es geht Boss also nicht um eine allgemeine und grundsätzliche Verurteilung der naturwissenschaftlichen Medizin, sondern um eine differenzierte Betrachtung ihrer erkenntnistheoretischen Grundlagen und der daraus resultierenden Grenzen. Für ihn steht die Auffassung des Menschen als In-der-Welt-Sein im Vordergrund.

„Vermutlich ist eines wichtiger als alles andere: daß nämlich die Menschen auch wissenschaftlich aus der Heimatlosigkeit rein naturwissenschaftlicher Abstraktionen wieder auf den Boden zu stehen kommen, auf dem sie im Grunde immer schon existieren. Diesen konkreten Grund und Boden vermag ich bis auf weiteres nur im daseinsanalytisch verstandenen In-der-Welt-Sein zu erblicken."[71]

---

69 Boss 1973, S. 105
70 Boss 1973, S. 105
71 Boss 1973, S. 105

IV.1 Entwicklung und Leitgedanken

Die ersten fünfundzwanzig Jahre seiner psychiatrischen Tätigkeit übte Boss streng im Sinne der klassischen Psychoanalyse aus. Grundlage hierfür waren ihm u.a. eine im Studium begonnene Analyse bei Freud in Wien und eine Lehranalyse bei Hans Behn-Eschenburg in Zürich.

Die Philosophie Heideggers nahm als erster Psychiater Ludwig Binswanger (1881–1966) für die Psychiatrie in Anspruch. Er hatte seine Forschungsrichtung aufgrund der Beschäftigung mit der Philosophie Edmund Husserls (1859–1938) zunächst „phänomenologische Anthropologie" genannt. 1941 nannte er sie dann „Daseinsanalyse" unter dem Einfluß der Werke Heideggers, insbesondere von dem 1927 erschienenen *Sein und Zeit*. Binswangers 1942 erschienenes Hauptwerk lautete *Grundformen und Erkenntnis menschlichen Daseins*.[72]

Boss wurde durch Binswangers Vortrag *Freuds Auffassung des Menschen im Lichte der Anthropologie*[73] zu kritischem Denken gegenüber Freuds Forderung angeregt, die wahrgenommenen Phänomene müßten hinter den angenommenen Strebungen, den Mechanismen des Unbewußten, zurücktreten. Binswanger hatte diesen Vortrag 1936 anläßlich Freuds 80. Geburtstag im Akademischen Verein für medizinische Psychologie in Wien gehalten. Er kritisierte die naturwissenschaftlich orientierte Anthropologie Freuds. Der Mensch sei mehr als eine Maschine, meint er. In diesem Vortrag findet sich eine Reflexion über die bei Heidegger vorkommende „Sorge", die Binswanger hier irrtümlich als eine Art Kummer auffaßte. Diese Auffassung war die Quelle eines grundsätzlichen, aber allgemeinen Mißverständnisses, das unten näher erläutert wird.

Schon das von Boss 1944 erschienene Buch *Die Gestalt der Ehe und ihre Zerfallsformen* enthält erste Spuren einer anthropologisch und phänomenologisch orientierten Denkweise, die den Einfluß Viktor Emil von Gebsattels (1883–1976) und Ludwig Binswangers erkennen läßt.[74]

---

[72] Condrau 1989, S. 8
[73] Binswanger 1947, 1961

1947 findet dann in der Habilitation von Boss erstmals die durch Heidegger inspirierte phänomenologische Betrachtungsweise durchgängig ihren Ausdruck. Erkenntnisentwicklungen, wie sie sich im Laufe der geistigen Lehrzeit unter Heidegger ereigneten, schlugen sich u.a. auch in den später erscheinenden Auflagen dieser Schrift nieder. Insbesondere das Ergebnis der Beschäftigung mit der ontologisch-ontischen Differenz, die im folgenden erläutert wird, ist in den späteren Auflagen berücksichtigt.

Im Gegensatz zu Binswanger, der ein überwiegend wissenschaftlich-theoretisches Interesse an der daseinsanalytischen Psychiatrie, wie er sie nannte, besaß, hoffte Boss, neue *therapeutische* Einblicke zu gewinnen.

Im Laufe der Zeit wurde – wie oben bereits erwähnt – offenbar, daß Binswanger Heidegger in wichtigen Punkten mißverstanden hatte.[75] Binswanger hatte seine Psychopathologie im Hinblick auf die Begriffe in Heideggers Werk *Sein und Zeit* „Daseinsanalyse" bzw. „psychiatrische Daseinsanalyse" genannt. In *Grundformen und Erkenntnis menschlichen Daseins* vom Jahre 1942 sprach Binswanger von der Notwendigkeit des Transzendierens einer Subjektivität hinaus zu den Dingen und einer Ergänzung der Heideggerschen Sorge durch ein „Über-die-Welt-hinaus-Sein" und einen „dualen Seinsmodus der Liebe". Diese Aussagen gehören der ontischen Ebene, d.h. der Tatsachenebene an. Der Mensch müsse über sich selbst hinaus gehen, transzendieren können, damit er etwas von der ihn umgebenden Welt erfahre. Binswanger möchte der Heideggerschen *Sorge* als Gegenstück die *Liebe* hinzufügen.

Heidegger reagierte darauf mit einer Richtigstellung.[76] Binswanger habe ihn mißverstanden, indem er seine Ontologie auf eine ontische Ebene gebracht habe.[77] Die ontologische Ebene behandele Fragen, die „Dasein" überhaupt betreffen. Die konkrete Ausformung dieser Daseinsmerkmale liegen auf der sogenannten ontischen Ebene, der Ebene der Lebenstatsachen. Psychiatrische

---

74 Condrau 1965, S. 96f
75 Im Vorwort der 2. Auflage von Boss' Habilitationsschrift (1952) findet sich beispielsweise ein Hinweis auf die mit Binswanger in Zusammenhang stehende begriffliche Verwirrung, was „Daseinsanalyse" zu nennen sei (s.a. Kap. III).
76 U.a. Heidegger 1987, S. 286, Brief vom 14. Juli 1969 an Boss
77 Weiteres zur Begriffsklärung „ontologisch" – „ontisch" siehe auch Kap. III

Daseinsanalyse befinde sich daher stets auf ontischer Ebene, im Gegensatz zur Daseinsanalytik, die die ihr übergeordnete philosophische Ebene bezeichne. Das heißt, im Heideggerschen Denken ist ein Transzendieren schon dem Sein immanent, das Sein umfaßt schon die Möglichkeit des Transzendieren-Könnens. Die Heideggersche Sorge bedarf keiner Ergänzung durch die Liebe oder eines Über-die-Welt-hinaus-Seins, denn sie ist nicht als ein stets negatives Sich-Grämen zu verstehen, sondern im Sinne einer umfassenden Fürsorge gemeint. Heidegger spricht von einer vorausspringenden Fürsorge und unterscheidet diese von einer – nicht erwünschten – einspringenden Fürsorge, die dem Menschen etwas vorwegnähme. Diese vorausspringende Fürsorge enthalte immer schon die Liebe an sich. Jede Art von „einspringender" Fürsorge „(...) übernimmt das, was zu besorgen ist, für den andern. Dieser wird dabei aus seiner Stelle geworfen, er tritt zurück, um nachträglich das Besorgte als fertig Verfügbares zu übernehmen bzw. sich ganz davon zu entlasten. In solcher Fürsorge kann der Andere zum Abhängigen und Beherrschten werden, mag diese Herrschaft auch eine stillschweigende sein und dem Beherrschten verborgen bleiben. Diese einspringende, die ‚Sorge' abnehmende Fürsorge bestimmt das Miteinandersein in weitem Umfange, und sie betrifft zumeist das Besorgen des Zuhandenen. Ihr gegenüber besteht die Möglichkeit einer Fürsorge, die für den andern nicht so sehr einspringt, als daß sie ihm in seinem existenziellen Seinkönnen *vorausspringt*, nicht um ihm die ‚Sorge' abzunehmen, sondern erst eigentlich als solche zurückzugeben. Diese Fürsorge, die wesentlich die eigentliche Sorge – das heißt die Existenz des andern betrifft und nicht ein *Was*, das er besorgt, verhilft dem andern dazu, *in* seiner Sorge sich durchsichtig und *für* sie *frei* zu werden."[78]

Binswanger räumte 1958 in einem öffentlichen Eingeständnis, das 1960 in den Acta Psychotherapeutica et Psychosomatica erschien, ein, er habe Heideggers Denken mißverstanden und mied danach die Begriffe „Daseinsanalyse" und „daseinsanalytisch" für die Titel seiner Veröffentlichungen.

„Dabei muss ich aber bemerken, dass ich Heidegger's Anliegen lange Zeit weniger in seiner ontologischen Bedeutung für eine philosophische Anthro-

---

[78] Heidegger [17]1993, S. 122

pologie erkannt hatte. Dieses im Übrigen ‚produktive' Mißverständnis beherrscht noch meine Schrift über ‚Grundformen und Erkenntnis menschlichen Daseins' (Zürich 1942)."[79]

Von diesem Zeitpunkt an bezog sich Binswanger wieder mehr auf Husserl und dessen Phänomenologie.

Auch Boss war eine Zeit lang dieser Verwirrung erlegen, wie er selbst in „Von der Psychoanalyse zur Daseinsanalyse"[80] beschreibt. Er wurde jedoch – im Gegensatz zu Binswanger – nicht von Heidegger öffentlich berichtigt, sondern über den korrekten Inhalt des Wortes „Daseinsanalyse" in persönlichen Gesprächen ausführlich unterrichtet. Auf diese Weise konnte Boss dieses Mißverständnis bzgl. der Verwechslung von Daseinsanalyse und Daseinsanalytik vermeiden, wie in mehreren seiner Veröffentlichungen, u.a. in den oben erwähnten Vorworten zu den verschiedenen Auflagen von *Sinn und Gehalt der sexuellen Perversionen*, nachzuvollziehen ist, und erfreute sich so – im Gegensatz zu Binswanger – dauerhaft der uneingeschränkten Zustimmung und Unterstützung Heideggers zu seiner Wissenschaft, insbesondere zu seinem Hauptwerk *Grundriss der Medizin und Psychiatrie* (1971).

Boss' Anliegen war es nicht, das scheint immer wieder durch viele seiner Veröffentlichungen hindurch, aus der Daseinsanalyse eine *Schule* zu machen, die sich neben andere psychotherapeutische Schulen einreihen und eine psychotherapeutische Technik lehren würde.

„Im Blick auf die Psychotherapie und die Heilkunde überhaupt wäre schließlich das Werk von Medard Boss nicht als ‚Anwendung' (applicatio) Heidegger'schen Denkens auf Medizin und Psychologie zu verstehen, sondern als zur-Sprache-gekommene Grunderfahrung jeder Praxis, durch welche sich Ärzte und Psychotherapeuten unmittelbar in ihrem eigene ‚Vernehmen-können und Ansprechbar-Sein' betroffen finden."[81]

Boss betrachtete demnach Heideggers Denken als grundlegend und zutreffend für jedes menschliche Phänomen und nahm an, daß sich dieses Denken

---

79 Binswanger 1960, S. 258
80 Boss 1979, S. 9
81 Trenkel 1992, S. 26f

früher oder später als – allerdings revolutionäre – Grundlage jeglicher Wissenschaft in allen Bereichen durchsetzen würde. In diesem Sinne ist auch seine Aussage zu verstehen, die Daseinsanalyse stünde nicht in einem Widerspruch zur Psychoanalytischen Praxis, sondern bilde den Hintergrundrahmen, in den sich auch die Psychoanalyse einbette.

Das bestätigt Condrau, wenn er schreibt, daß weder Heidegger eine Lehrmeinung in den Zollikoner Seminaren vertreten habe, noch Boss eine Schule habe gründen wollen. „Beide jedoch, Heidegger und Boss, hatten nur eines im Auge: Mitarbeiter und Schüler zum *Sehen* und *Denken* anzuleiten, ein *Sehen*, das weit über das sinnenhaft-augenmässige hinausreicht, ein *Denken*, das über das Berechenbare der rationalen Vernunft hinausweist."[82]

Als Hauptwerk von Boss kann der 1971 zum ersten Mal erschienene und 1975 unter erweitertem Titel aufgelegte „Grundriss der Medizin und Psychologie" betrachtet werden. Er enthält neben phänomenologischen Ausführungen zu Psychologie, Psychosomatik und Pathologie auch Anregungen zur Prävention. An diesem fast sechshundert Seiten umfassenden Werk hatte Boss acht Jahre gearbeitet, und es wurde fast vollständig von Heidegger kommentiert.

---

[82] Condrau 1991, S. 139

1.1 Phänomenologische Pathologie

In der phänomenologischen Pathologie soll nicht nach hinter den Phänomenen liegenden unbewußten Kräften und Mechanismen gesucht werden. Auch kausalgenetische Zusammenhänge spielen keine Rolle. Lediglich der Sinn- und Bedeutungsgehalt des Phänomens selbst führt nach Boss zum Verstehen von gesundem und gestörtem menschlichen Existieren.

In der naturwissenschaftlichen Klassifikation der Krankheitsphänomene wird besonders die Ätiologie, wie beispielsweise bestimmte Bakterien bei Infektionen, ins Auge gefaßt. Boss gibt jedoch zu bedenken, daß in der Regel die Ausprägung und Auswirkung der Krankheit auf den Erkrankten nicht unbedingt aus dem Blick auf die Ätiologie abgeleitet werden können.

„Die gleiche Lokalisation und die nämliche Virulenz einer Tuberkulose-Infektion zum Beispiel können einen Menschen zu hochwertigem künstlerisch-schöpferischem Existieren anspornen, einen anderen dagegen wehrlos einem vegetierenden Dösen in Krankenasylen anheimfallen lassen. Dadurch unterscheidet sich das Krank-sein des einen von dem des andern bei gleicher Infektion in viel höherem Maße, als zwei Menschen voneinander verschieden zu sein brauchen, von denen der eine an einer Hernie, der andere an einer Nierenbeckeninfektion erkrankt ist."[83]

Diese Möglichkeit, dieselbe Erkrankung auf ganz verschiedene Art und Weise zu erleben und zu verarbeiten, läßt es Boss angemessener erscheinen, bei der Klassifikation von Krankheiten phänomenologisch vorzugehen.

Das bedeutet, daß nicht die Frage nach der Ursache im Sinne der aristotelischen Wirkursache[84] im Vordergrund steht, sondern die Frage nach dem, was der Patient vordergründig an Phänomenen bietet und wie er durch sie eingeschränkt wird.

---

[83] Boss ^{2}1975, S. 440f
[84] Das aristotelische Denken kennt verschiedene Ursachenbegriffe : causa efficiens (= Wirkursache), causa finalis (= Zweckursache), causa formalis (= Formursache), causa materialis (= Stoffursache). In der Regel wird heute beim Gebrauch des Wortes Ursache, besonders in der Medizin, ausschließlich an die causa efficiens gedacht (s.a. Kap. III).

Die verbreitete Frage des Arztes an den Patienten „Was fehlt Ihnen denn?" führt in die Richtung der daseinsgemäßen phänomenologischen Pathologie nach Boss. Diese besagt, daß alles Kranksein im Grunde ein Fehlen von Gesundsein, eine Deprivation darstellt. In diesem Gedanken folgt er Heidegger, der dazu sagt:

„Der Mensch ist wesensmäßig hilfsbedürftig, weil er immer in der Gefahr ist, sich zu verlieren, mit sich nicht fertig zu werden. Diese Gefahr hängt mit der Freiheit des Menschen zusammen. Die ganze Frage des Krankseinkönnens hängt mit der Unvollkommenheit seines Wesens zusammen. Jede Krankheit ist ein Verlust an Freiheit, eine Einschränkung der Lebensmöglichkeit."[85]

Der Kranke ist auf irgendeine Art und Weise daran gehindert, den Situationen, in die er im Leben gestellt ist, adäquat und offen gerecht zu werden. Diese Aussage ist sowohl für somatische als auch für psychische Erkrankungen gültig. So kann jemand mit einem Beinbruch nicht mehr richtig auf die Situation reagieren, die von ihm verlangt, sich hierhin oder dorthin zu bewegen. Jemand mit einer Zwangsneurose beispielsweise kann dagegen nicht mehr mit seiner Vergangenheit, Gegenwart und Zukunft umgehen, sondern ist in der Gegenwart in seinen Zwangshandlungen verhaftet.

Folgende Grundzüge des Menschseins werden von Boss in Anlehnung an Heidegger als Existentialien, das heißt dem menschlichen Dasein wesensmäßig zugehörig, beschrieben:

- Die Räumlichkeit
- die Zeitlichkeit
- die Leiblichkeit
- das Miteinandersein in einer gemeinsamen Welt
- das Gestimmtsein
- das Gedächtnis und Geschichtlichsein
- und das Sterblichsein.

---

[85] Heidegger 1987, S. 202

Aus diesen Grundzügen heraus stellt Boss seine allgemeine daseinsgemäße Phänomenologie des Krankseins auf

Seine Fragestellung lautet: „Auf welche Art ist die freie Verfügung eines Menschen über den Vollzug welcher Verhaltensmöglichkeiten gegenüber welchen Gegebenheiten der Welt jeweils in ausgezeichneter Weise beeinträchtigt?"[86]

Bei den Verhaltensmöglichkeiten, die medizinisch relevant sind, denkt Boss an die oben erwähnten Grundzüge menschlichen Daseins, die *Existentialien*.[87] Er betrachtet das Kranksein des Patienten auf die Beeinträchtigung des raum-zeitlichen Charakters des Daseins, des Gestimmtseins, des Leiblichseins, des Miteinanderseins mit den anderen Menschen in einer gemeinsamen Welt, der allgemeinen Offenständigkeit des Daseins und die Entfaltung dieser tragenden Möglichkeiten zur Freiheit des Daseins hin. Dabei hebt Boss jedoch hervor, daß er die *augenfällige* oder *betonte* Beeinträchtigung eines Existentials meint, da sie alle zusammen als Wesenszüge des Daseins ein einheitliches Gefüge bilden, und so bei Störung *eines* Wesenszuges die anderen auch nicht unbeeinflußt bleiben.[88] Die spezielle Frage nach der Beeinträchtigung im Leiblichen lautet: „Auf welche besondere Weise ist das ‚Leiben'[89] welchen Weltbezuges eines Kranken gestört?"[90]

Zur Veranschaulichung läßt sich das Beispiel des zwischenmenschlichen Weltbezuges des „einander mit Handschlag begrüßen Könnens" heranziehen, der bei einer ganzen Reihe von Erkrankungen unterschiedlichster Ätiologie beeinträchtigt sein kann, wie z.B. einer intrauterinen Thalidomid-Schädigung mit Verlust der Arme bzw. Hände, einer Armlähmung bei Poliomyelitis, einer rheumatischen Erkrankung oder auch einer hysterischen Armlähmung im Rahmen einer sogenannten Konversionsneurose. Bei dieser Aufzählung von Beispielen wird deutlich, daß bei der phänomenologischen Klassifikation eine Einteilung in Erkrankungen psychischer Genese, soma-

---

86 Boss ²1975, S. 444
87 Boss 1989, S. 127
88 Boss, Condrau 1980, S. 733
89 „Leiben" meint den leiblichen Ausdruck von seelischen Realitäten. Das „Leiben" von Traurigkeit z.B wären die Tränen.
90 Boss ²1975, S. 445

tischer Genese oder psychosomatischer Genese nicht relevant ist. Zugleich schließen sich jedoch die phänomenologische Perspektive und die der herkömmlichen Einteilung nicht aus.

Auch der Schmerz kann als ein Beispiel dafür angeführt werden, wie beim Eintritt dieses Ereignisses der Weltbezug des betroffenen Menschen sich durch diese Beeinträchtigung im Leiblichsein grundlegend verändern kann. Beim Schmerz reduziert sich das offene Weltverhältnis und schrumpft auf den minimalen Bezug der Verletzung. Die Welt des Menschen befindet sich in dem Moment des Schmerzes ganz in den schmerzenden Körperteil zusammengezogen, sei dieser auch noch so klein wie z.B. eine gequetschte Fingerbeere. Alles andere, im Moment *vor* dem Eintritt des Schmerzereignisses noch Wahrgenommene, ist dann wie nicht mehr existent.[91]

Den Begriff Psychosomatik hält Boss nicht für sinnvoll. Der Leib soll nicht nur als ein „dinglicher Körper" gedacht werden, der durch eine Art „dingliche Seele" gesteuert bzw. beeinflußt wird, sondern aus Boss' Sicht „leibt und lebt" man mit dem Leib und der Seele die verschiedenen oben beschriebenen Weltbezüge. Aus dieser Perspektive ist ein Psyche-Soma-Dualismus nicht nur aufgehoben, sondern die Notwendigkeit dieser Trennung ergibt sich nicht einmal, da sich alles menschliche Dasein auf die vielfältigsten sowohl leiblichen als auch psychischen Weisen vollzieht.

Boss bezieht im folgenden Zitat 1954 seine Kritik auf die „Verobjektivierung" sowohl der Psyche als auch des Körpers. Diese habe zwar ein eigenes Fach, die Psychosomatik, hervorgebracht, aber den Menschen als „Zwei-Eines" vergegenständlicht.

„Ein derartiges Vorgehen hat jedoch zu seiner Voraussetzung, dass man sich die „Psyche" dem menschlichen „Körper" gleichsam wie ein Gegenstand dem andern überstülpbar oder aufstockbar vorstellt. Wenige ahnen, dass im Grunde ein solches Denkgebäude ungefähr die Stabilität eines Unternehmens hat, das auf der Blitzableiterspitze eines Wolkenkratzers ein Kloster zu errichten trachtet. Um dem Lehrgebäude der psychosomatischen Medizin ein tragfähigeres Fundament zu sichern, wird deshalb ein Denken

---

91 Boss [2]1975, S. 463

vonnöten sein, das nicht einfach die früheren gegenständlichen Vorstellungen über den menschlichen Körper auf den seelischen Bereich überträgt, sondern sowohl jenen wie diesen von Grund auf neu und entsprechend dem ungegenständlichen Wesen des menschlichen Daseins, dem alle leiblichen und seelischen Erscheinungen zugehören, zu sehen versucht."[92]

Boss kritisiert die oft auch heute in der Medizin anzutreffende Auffassung, Psyche und Körper seien zwei voneinander getrennte Dinge, die ursächlich aufeinander einwirken. In der Psychosomatik werde häufig in Analogien zu rein physischen Vorgängen gedacht. So als wäre die Psyche ein „seelischer Körper". Tatsächlich wäre aber ins Auge zu fassen, daß sich seelische und physische Phänomene auf dem Boden der oben beschriebenen Grundvoraussetzungen menschlichen Daseins abspielen.

Eine weitere Einschränkung des Leibes als „Körperding" sieht Boss in der damit verbundenen räumlichen Begrenzung nach der Art und Weise, wie sich ein Tisch räumlich begrenzt mit seinen Abmessungen in einem Zimmer befindet. Der Leib des Menschen dagegen gehe, so Boss, weit über seine Epidermisgrenzen hinaus.

„Wenn ich zum Beispiel meinem Gesprächspartner mit einer Gebärde meiner rechten Hand auf das Fensterkreuz dort drüben hinweise, höre ich leiblich existierender Mensch keineswegs schon an der Spitze meines Zeigefingers auf Ich erstrecke mich vielmehr – das Fensterkreuz zusammen mit meinem Partner dort drüben augenhaft-sinnlich wahrnehmend – auch leiblich weit über die Fingerspitze hinaus bis zum wahrgenommenen und gezeigten Fensterkreuz."[93]

---

[92] Boss 1954, S. 9f
[93] Boss 1975, S. 276

1.2 Unbewußtes und Triebe

Für Freud war „das Unbewußte", dessen Sinn ja maßgeblich durch ihn geprägt wurde, eine unter dem Bewußtsein liegende psychische „Lokalität"[94], in der Mechanismen stattfinden, die in ihrer Dynamik beispielsweise ausgedrückt in den Begriffen „Trieb" und „Energien" denen der Mechanik gleichen. In seiner Kritik an dieser quasi naturwissenschaftlichen Auffassung zielt Boss sowohl auf Freud als auch auf Jung.

„Wie den Biologen zuvor der leibliche Organismus nur als ein Gegenstand hatte erscheinen können, konnte sich auch Freud die seelischen Phänomene nur einer gegenständlichen Apparatur zugehörig denken. Seine Auslegung dieses Psyche-Apparates gipfelte schließlich in der Behauptung, es sei dieser ein ebenfalls nur auf Leistungen ausgerichtetes, libidinöses, dynamisch-ökonomisches Gleichgewichtssystem. Auf den technischen Charakter der analytischen Tiefenpsychologie C. G. Jungs lenkte ebenfalls deren Urheber selbst den Blick: ausdrücklich unterstreicht er die Verwandtschaft seiner Schlußfolgerungen mit denen der modernen Physik."[95]

Boss sieht in Anlehnung an Heidegger das Menschsein als das Offenhalten eines „gelichteten Vernehmensbereiches". Das heißt, daß der Mensch offen ist für die in ihm auftauchenden Gedanken. Gedanken und Phänomene erscheinen wie auf einer Bühne. Diese Bühne ist der Mensch. Insofern ist er „Lichtung". Zu der Vorstellung dieser „Lichtung" gehört auch die des „Verborgenen", denn wo etwas „gelichtet" wird, muß es vorher verborgen gewesen sein. Das Unbewußte im Sinne der quasi gegenständlichen Freudschen „Black Box" existiert für Boss jedoch nicht. Vielmehr kommen und gehen Gedanken aus dem und in das Verborgene. Mechanismen analog der laut Freud im Unbewußten waltenden Triebmechanismen können in diesem Verborgenen nicht untersucht werden, da es nicht materieller Natur ist.

---

94 daher auch die Bezeichnung *Tiefen*psychologie
95 Boss 1979, S. 152

Vielmehr lichtet sich der Vernehmensbereich für dieses oder jenes Phänomen und er verschließt sich wieder:

„Wenn ich sage, ich stelle mir zum Beispiel das Münster in Freiburg im Breisgau vor, ist dann faktisch ein Bild dieser gotischen Kirche in mir? Ist es nicht vielmehr so, daß ich in dem Augenblick, in dem ich an das Freiburger Münster denke, mit meinem ganzen Wesen wirklich bei diesem in Freiburg bin, mich in einer andenkenden Beziehung zu ihm dort aufhalte und mich dabei für dessen Wahrnehmung und Erscheinung offen halte? Ist dem so, dann kann ich mich natürlich auch im nächsten Moment seinem Wahrnehmen wieder verschließen, um ein anderes Ding oder einen Mitmenschen den Lichtungsbereich, der ich meiner Grundverfassung nach bin, ein- und zum Erscheinen kommen zu lassen."[96]

Der gedankliche Unterschied zur Freudschen Auffassung dieses Phänomens liegt also darin, daß Boss bei der Vorstellung des Freiburger Münsters nicht das Abbild in eine räumliche Psyche, die sich in ihm befindet, projiziert, sondern daß sich im Denken an das Freiburger Münster sein Vernehmensbereich so weit „lichtet" bzw. weitet, daß *er* gedanklich bei diesem Münster in Freiburg *ist*.

Das Verborgene ist also nicht ein irgendwie gearteter Raum innerhalb des Gehirns, und daher nicht dasselbe „Ding" wie das Freudsche Unbewußte. Es ist vielmehr gar nicht dinglich oder räumlich vorzustellen, sondern ungegenständlich. Im Grunde stellt sogar schon das Wort „Verborgenheit" eine sprachliche Notlösung dar, so wenig ist sie durch das menschliche Denken zu fassen. Die Verborgenheit enthält eine unaussprechliche Dimension. Will man dennoch versuchen, sie näher zu charakterisieren, dann kann man sagen, daß menschliches Dasein auf sie angewiesen ist als auf den Quell, der die Dinge aus sich ins Erscheinen gibt.[97]

In der daseinsanalytischen Deutungsarbeit selbst verzichtet man auf kausalgenetisch-biographische Rückführungen. Man betrachtet vielmehr die Vergangenheit als „Gewesenheit", die bis in die Gegenwart und Zukunft weiter

---

96 Boss 1979, S. 258
97 Boss 1975, S. 352

im Patienten präsent, „anwesend" ist und sich in Träumen und Krankheitssymptomen ausdrückt. Diese sollen daher in ihrem Wesen verstanden werden.

Der in der „Psychoanalyse" bekannte Mechanismus der „Übertragung" erübrigt sich in der Daseinsanalyse dadurch, daß die Gefühle, die dem Gegenüber entgegengebracht werden, nicht als Gefühle für einen Stellvertreter einer Vergangenheitssituation angesehen werden, sondern echt und präsent dem Analytiker gelten. Nichtsdestoweniger können dies ähnliche Gefühle sein, wie sie auch beispielsweise einem Elternteil in der Kindheit entgegengebracht wurden, sie sind jedoch Ausdruck einer Grundstimmung, die sich offensichtlich im Leben weiter durchhält.

Nicht weniger als die dingliche Auffassung des Unbewußten kritisiert Boss die Annahme Freuds, das Unbewußte stelle eine Art Triebreservoir dar. Die Triebe als das Fundament der psychoanalytischen Theorie stellt er aufs Schärfste in Frage. Wenn sie tatsächlich hinter fast jeglichem Handeln stünden, dann müsse das menschliche Wesen als eine Art Billardkugel zu verstehen sein. Da der Mensch jedoch ein Wesen sei, das Bedeutungen wahrnehmen, Sinnzusammenhänge verstehen, dem sich in Erkenntnis etwas lichten könne, der Billardkugel dagegen nicht, so hält Boss die Triebtheorie für unpassend. Boss gibt zu bedenken, daß Triebe als irgendwie physikalisch vorhandene Energien als solche blind sein müßten und niemals etwas wie eine menschliche Realität hervorbringen könnten.

Heidegger begründet die Untauglichkeit der Triebtheorie mit einer Methodenkritik:

„*Trieb* ist immer ein Erklärungsversuch. Es geht aber zunächst gar nie um einen Erklärungsversuch, sondern es gilt zunächst doch darauf zu achten, was das Phänomen, das man erklären will, überhaupt ist, und wie es ist. Es wird mit Trieben immer etwas zu erklären versucht, das man sich zunächst gar nicht angesehen hat. Die Erklärungsversuche menschlicher Phänomene aus Trieben haben den methodischen Charakter einer Wissenschaft, deren Sachgebiet gar nicht der Mensch ist, sondern die Mechanik. Deshalb ist es grundsätzlich fraglich, ob eine so von einer nicht-menschlichen Gegenständlichkeit bestimmte Methode überhaupt geeignet sein kann, über den Menschen etwas auszusagen qua Mensch."[98]

Den Trieben stellt Medard Boss die Motive entgegen. Triebe, wie Freud sie sich vorstellt, trieben den Menschen auf irgendeine Art und Weise von hinten an, ohne daß er sich dessen bewußt sei. Motive dagegen seien die Handlungsimpulse, die durch das Leben selbst als Handlungsaufforderungen an den Menschen ergingen. Der Blick sei sozusagen nach vorne gerichtet, nicht zurück oder in unbewußte Tiefen. Ein Motiv sei aber nicht einer Kausalbeziehung gleichzusetzen, wie sie in der Mechanik bekannt sei, sondern es gründe vielmehr auf *Wahrnehmung* und *Freiheit*, zwei Qualitäten, die der Kausalität fehlen. Auch hierzu ein Zitat Heideggers. Es ist die Antwort auf die Frage von Boss, was es denn mit seinem „Getriebensein" zu dem Zwiegespräch zwischen den beiden auf sich habe:

„Das Verlangen nach diesem Gespräch ist bestimmt durch die Aufgabe, die ich vor mir habe. Dies ist der Beweggrund, das ‚Weswegen'. Das Bestimmende ist nicht ein Drang oder ein Trieb, der mich von hinten her zu etwas treibt und drängt, sondern etwas, was mir bevorsteht, eine Aufgabe, in der ich stehe, etwas, das mir aufgegeben ist."[99]

Es handelt sich also um zwei gegensätzliche Richtungen der Perspektive: den Trieb nimmt man nach rückwärts gerichtet wahr, die Motivation erkennt man bei nach vorne gerichtetem Blick.

---

[98] Heidegger 1987, S. 217
[99] Heidegger 1987, S. 218

1.3 Erkenntnis, Angst, Gelassenheit und Schuld

Menschliches Dasein hat laut Boss nicht nur ein *optisches*, sondern auch ein geistiges Gesichtsfeld, in dem sich ihm Dinge zeigen oder nicht zeigen, die ihn ansprechen. Ja mehr noch, der Mensch „*ist* in seinem eigensten Grunde nichts anderes als ein weltweit ausgespanntes Gesichtsfeld."[100]

Ein optisches Gesichtsfeld zu haben, ist überhaupt erst dadurch möglich, daß man generell etwas als existent wahrnehmen kann. Das menschliche Wesen ist sozusagen immer und ständig dabei, etwas aus seinem gerade aktuellen Weltzusammenhang zu erkennen, sei es nun ein optisches Ereignis, oder welcher Zusammenhang auch immer.

Nach Boss setzt ein wirkliches Berührtwerden von etwas oder Verstehenkönnen ein ursprüngliches Offensein voraus, das ein bloßer Gegenstand nicht besitzt. Einem Stein beispielsweise fehlt dieses Offensein. Darum ist der Mensch in seiner Welt nicht bloß vorhanden, sondern er existiert (ek-sistiert) in dem Sinne, als er immer schon als ein Vernehmender draußen bei den Dingen und Mitmenschen ist, die ihm begegnen, und dies in einer bestimmten Gestimmtheit.

„Ist dem aber so, dann ist der Mensch seiner wesentlichen Seinsart nach nie mit einem Gegenstand, sondern nur mit einem Licht vergleichbar, dessen Schein die Dinge der Welt erhellt, oder mit einer Melodie, die die Dinge mitklingen läßt, je nach des Lichtes Tönung oder der Klänge Stimmungsart."[101]

Der Mensch geht ständig mit der Tatsache um: „dieses oder jenes *ist* ...", und dann erst kommen gegebenenfalls nähere Charakterisierungen und Bestimmungen. Daß etwas *ist*, ist die selbstverständliche Voraussetzung jeglichen weltlichen Phänomens.

---

100 Boss 1981, S.73
101 Boss 1979, S. 155

Die Anerkennung, daß der Mensch grundsätzlich erst einmal *Offenheit sein muß*, als Voraussetzung dafür, daß er überhaupt irgendetwas bestimmen oder wissenschaftlich untersuchen oder erkennen kann, ist nur scheinbar banal, vielmehr, wenn sie vollzogen, von größter Tragweite. Daß nämlich überhaupt etwas *ist* und nicht *nichts ist*, bedingt sich gegenseitig mit der Tatsache, daß jemand – nämlich der Mensch – existiert, der es wahrnehmen kann. Der Mensch wirft sein Erkenntnislicht auf die Welt, wie eine Kerzenflamme, die eine kleine Lichtung einem ansonsten dunklen Raum „abringt", so daß etwas zum Vorschein kommen kann. Boss wählt dieses Bild auch, um die Angst zu veranschaulichen, die aus der Hinfälligkeit dieses „Geisteslichtleins" entsteht, das weiß, mit welcher Leichtigkeit es ausgelöscht werden kann.

Darüber hinaus jedoch liefert Boss eine nähere Charakterisierung der Angst als Durchstimmung des Daseins. Nach Boss ist menschliches Dasein immer schon so oder anders gestimmt. Nie zeige sich menschliches Existieren als völlig ungestimmt. So sei die ontische Stimmung der Angst wie mit ihr viele andere Stimmungen eine Vollzugsweise der ontologischen Gestimmtheit überhaupt. Sie ist laut Boss jene Stimmung, „in der sich das Dasein vereinzelt, weil es des Haltes an allem anderen Seienden verlustig geht. Durch solche Vereinzelung mit ihrem Haltverlust an allem anderen Seienden wird das Dasein in der Angst durch sein eigenes Sein vor es selbst gebracht, ganz auf sich selbst zurückgeworfen, so daß sich die eigenen Möglichkeiten seines Seins wie an ihnen selbst zeigen, unverstellt durch innerweltlich Seiendes, daran sich das Dasein zunächst klammert."[102]

Mit dem Gegenteil von Angst wird oft Gelassenheit in Verbindung gebracht. Für Heidegger als Philosophen ist die Gelassenheit jedoch als „Gelassenheit zu den Dingen" ontologischer Natur. In Verbindung mit der „Offenheit für das Geheimnis", das mit dem „Verborgenen" in Zusammenhang steht (s.o.), sieht er die Möglichkeit einer neuen Bodenständigkeit des Menschen.

Boss hebt dagegen besonders die „heitere Gelassenheit"[103] als eine mögliche ontische Ausprägung aus der Vielzahl gelassener Stimmungen hervor und stellt den Bezug zur Angst her.

---

102 Boss 1981, S. 77f
103 Menschen seines Umfeldes sagen über Boss, daß es ihm besonders in seinen letzten

„Da sie (...) noch ursprünglicher als die Angst ist, wird ihr noch weniger als in dieser das Wesen des eigenen Daseins durch irgendeine Verfallenheit an die Dinge und durch ein Ausgeliefertsein an die Öffentlichkeit verdeckt. Auch kennt die Stimmung der heiteren Gelassenheit durchaus ebenfalls eine Vereinzelung des Daseins, in der sich dieses zu ihm selbst zurückholen und damit seiner eigenen Grundverfassung inne werden kann. Nur ist der Rückruf zu ihm selbst in der Stimmung der heiteren Gelassenheit nicht wie in der Angst ein erzwungener, sondern ein frei gewählter."[104]

In diesem Zitat greift Boss einen weiteren Punkt auf Das Ausgeliefertsein an die Öffentlichkeit, an das „Man". Damit ist gemeint, daß üblicherweise die Menschen sich im Alltagsbetrieb und in Alltagsvorstellungen verlieren. Sie fragen sich dann gar nicht, was nun eigentlich ihr eigener Weg, die Aufgaben, die nur ihnen zugedacht sind, seien, sondern richten sich blind nach dem, was „man" tut und was „man" erwartet. Auch das Verständnis von Schuld in der Daseinsanalyse ist mit dem Verfallensein an das „Man" verknüpft. In dieser Haltung der inneren Passivität und Unfreiheit sei es unmöglich, den eigenen, individuellen und einzigartigen Lebensweg zu finden. Das daseinsanalytische Verständnis der Schuldgefühle bezieht sich auf das Entstehen von Schuld bei dem Nicht-Antworten auf das, was als Aufgabe an den Menschen ergeht. Dabei sei schon eine Art Grundschuld als eine existentielle Schuld dem menschlichen Dasein immanent, da ein Mensch nie zur gleichen Zeit allem antworten und auf alles reagieren könne, was ihm begegnet und ihn anspricht. Er bleibe stets diesem Angesprochensein gegenüber etwas schuldig.

Lebensjahren gelungen sei, diese Stimmung der „heiteren Gelassenheit" selbst zu verwirklichen. „ In spite of his extraordinary vigor, the people who were closest to him, while recognizing the forcefulness and independence of his personality, often described him as ‚sweet', ‚kind', ‚gentle', ‚loving', ‚a really wonderful man'" (...) Boss privately exemplified, in the years that I knew him, the very kind of human presence and solicitude of which he so often spoke and wrote in public. He seemed to be so often quietly ‚ahead' of those with whom he spoke, so often clearing the way, quite unselfconsciously, for the other to be." (Craig 1993, S. 274)
[104] Boss 1981, S. 81

IV.2 Traumdeutung oder Traumauslegung?

Erste Zeugnisse von Traumdeutung finden sich bereits bei den Ägyptern aus dem zweiten Jahrtausend vor Christus. Diese wie auch spätere biblische Traumdeutungen wurden als „göttliche Kunst" angesehen, da die Träume von unmittelbarer göttlicher Offenbarung[105] ausgingen. Auch bei den Griechen bedeuteten Träume göttliche Mahnungen. In Homers „Ilias" beispielsweise ist von Träumen die Rede, die von Zeus kommen. Ihren göttlichen Charakter behielten die Träume grundsätzlich bis in die Zeit der neuzeitlichen Aufklärung. In dieser Epoche wurde den Träumen eine somatische Genese zugesprochen. Man nahm an, äußere und innere Sinnesreize riefen die Traumbilder hervor. Erst Sigmund Freud gab der Traumdeutungslehre, die vor allem in der 1922 erschienenen „Traumdeutung" ihren Niederschlag fand, eine deutliche Wende zur Anerkennung der psychischen Leistung des Traumes.

2.1 Phänomenologische Auslegung

In der daseinsanalytischen Traumauslegung[106] orientiert sich Boss an den „Dingen, die im Traum erscheinen, selbst". Die Auslegung soll die Traumphänomene das sein lassen, was sich von ihnen selbst her zeigt. Boss betrachtet diese Phänomene mit großer Genauigkeit und Sorgfalt, ohne etwas „dahinter" zu vermuten oder eine Systematik bestimmter Begriffe vorauszusetzen. Dem daseinsanalytischen Blickwinkel soll sich der Welt-, Verweisungs- oder Lebenszusammenhang aus der einfühlsamen Betrachtung der Traumphänomene in dem Wissen, daß sie aus sich selbst sprechen, er-

---

105 Genesis 37, 5–9, 40, 8–19, und 41, 1–32, sowie Daniel 2, 28–45 und 4, 2–23
106 In der von Boss ins Dasein gerufenen Traumauslegung sind deutlich die Spuren daseinsanalytischen Denkens zu erkennen, die aus der ausführlichen Beschäftigung mit dem Werk Heideggers herrühren. Er bedient sich in der Traumauslegung der Methode der Phänomenologie. Daher werde ich im folgenden die Begriffe „daseinsanalytische" und „phänomenologische Traumauslegung" synonym verwenden.

schließen. Modelle wie das eines kollektiven Unbewußten, einer Libido oder anderer Triebe und psychischer Energien sind der phänomenologischen Traumauslegung fremd.

Daraus ergibt sich die wohl größte Erneuerung auf dem Gebiet der Traumdeutung durch Boss: der Respekt vor dem Traum selbst, für die immanente, vielfältige Bedeutungsfülle des manifesten Traumes im Gegensatz zur vorher gängigen Interpretation einzelner Traumbilder mittels eines Schemas, das auf Kodierungen vor allem sexueller Art (Freud) oder mythologischer Natur (Jung) basierte.

In der tiefenpsychologischen Traumdeutung herrscht im Gegensatz zu der phänomenologischen Vorgehensweise allgemein eine *Symboldeutung* der Traumphänomene vor. Ein Beispiel für eine Symboldeutung nach Freud wäre die direkte Interpretation eines im Traum erscheinenden Hutes als Genitalsymbol. Eine geträumte Schlange wäre für Jung ein Symbol für eine kollektive Emotion, die mit einer Bewährungsprobe des Heldenlebens in Zusammenhang stünde.[107]

Im Bewußtsein der Differenz zwischen Symboldeutung und phänomenologischem Zugang wählt Boss das Wort „Traumauslegung" anstelle von „Traumdeutung", da er vermeiden möchte, Inhalte oder Symbole in die Träume hineinzuinterpretieren bzw. hineinzudeuten.

Für Boss besteht ein Grund, die Symbolinterpretation in Zweifel zu ziehen, in der Frage nach der Entstehung dieser Symbole. Diese könnte, so meint er, nur durch symbolproduzierende, also verschlüsselnde Mechanismen hervorgerufen werden, die ihre Aktivität im Schlaf entfalten müßten. Boss stellt jedoch den Sinn einer solchen Verschlüsselungstätigkeit dieser Kräfte und Mechanismen des sogenannten Unbewußten in Frage, da diese letztlich oft eine überflüssige Irreführung oder zumindest Verschleierung zur Folge habe. Diese Verschlüsselungskräfte nennt Boss „Traumzensor" und gibt ihnen damit ein aktives, fast „bewußtes, personales" Attribut. Er lehnt die Annahme ab, ein solcher Zensor würde im einen Traum „verdichtend", im

---

107 Freud 1982, S. 354, Jung 1985, S. 158. Die Darstellung ist selbstverständlich verkürzt und soll lediglich die Deutung auf Symbolebene veranschaulichen.

nächsten „verschiebend" und in einem anderen „ins Gegenteil verkehrend" tätig werden und auf diese Weise für Verwirrung sorgen.

Das Auslegen der „Traumdinge selbst", die Boss anstelle von Symbolinterpretation fordert, macht die Traumdeutung jedoch keinesfalls einfacher oder gar banaler. Es erfordert vielmehr, die Dinge in all ihren Bedeutungs- und Verweisungszusammenhängen zu betrachten und zu erfassen. Es gilt, den „Wesensblick" wiederzufinden, den Blick auf das Wichtigste und Eigentliche der sich zeigenden Gegebenheiten, eine Fähigkeit, die langer und geduldiger Einübung bedarf Das Gelingen einer solchen Traumauslegung ist somit eng mit der Fähigkeit des Traumdeutenden und des Träumers selbst verbunden, genau auf das Wesentliche aufmerksam zu werden und assoziative Verbindungen herzustellen.

Bei der Erklärung eines Traumes geht Boss auf die folgende Weise vor: Erstens wirft er die Frage auf, wofür, für welche Gegebenheiten das Existieren eines Träumenden *offen* und wogegen sich seine Traumwelt *verschlossen* erweist. Zweitens untersucht er, wie sich der Träumer dem sich in seiner Traumwelt Zeigenden gegenüber *verhält*. Und schließlich versucht er die *Stimmung* des Träumers im Traum herauszufühlen, aus der heraus er sich gerade so und nicht anders benimmt.

An anderer Stelle formuliert Boss die entscheidenden Fragen, die er an den Träumer, bzw. Patienten stellt, wie folgt: für welche Gegebenheiten ist jeweils ein Mensch in einem gegebenen Augenblick offen genug, um ihnen Einlaß in seinen Weltbereich als Vernehmen gewähren zu können? Und in welcher besonderen Art und Weise ist er vernehmend und antwortend auf dieses ihm Begegnende bezogen?[108]
Er betont, daß diese Kriterien sowohl für unser Traum-Existieren als auch für den Wachzustand gelten, da es sich lediglich um zwei Ausprägungen desselben Existierens handele.[109]

Der Untersuchung der *Stimmung* kommt in der daseinsanalytischen Traumauslegung eine ganz besondere Bedeutung zu, da sie es ist, die bestimmt,

---

[108] Boss 1979, S. 445
[109] Boss 1978, S. 159

was der Mensch von den ihm im Traum begegnenden Dingen wahrnehmen kann.

„Bei solch phänomenologischem oder daseinsanalytischem Vorgehen gegenüber irgendwelchem menschlichen Geschehen – möge es der wachen oder der Traumexistenz eines Menschen angehören – verschafft man sich mit Vorteil als erstes eine möglichst differenzierte Klarheit über die jeweils vorherrschende Stimmung. Der Grund hierfür liegt darin, daß der Stimmung, auf die ein Existieren als Ganzes augenblicklich gestimmt ist, eine ganz besondere Bedeutung zukommt. Sie nämlich ist es stets, die aus sich heraus auch den Charakter, die Enge oder Weite des Weltoffenheitsbereiches bestimmt, die das betreffende Da-sein jeweils gerade auszustehen, offenzuhalten und als welche es zu existieren vermag."[110]

Auf diese Art und Weise könne z.b. die Stimmung die Wahrnehmung – im Wachen wie im Träumen – entscheidend beeinflussen. So habe zum Beispiel ein auf Panik gestimmter Mensch nur Augen für Bedrohliches.[111]

Ein Traumbeispiel soll die Wichtigkeit der Stimmung in der Traumauslegung verdeutlichen. Die Träumerin ist eine Patientin von Boss, die von frühester Kindheit an bis zum ersten Tag ihrer psychotherapeutischen Sitzungen immer wieder in Abständen von Tagen bis Wochen folgenden Traum hatte:

Sie fand sich nackt und völlig allein, angstvoll in sich zusammengekauert in der Ecke eines leeren Eisenbahngüterwagens hocken. Die Arme hielt sie abwehrend schützend vor ihrem auf die Knie gesenkten Kopf verschränkt. Der Güterwagen stand auf dem Grunde eines grenzenlosen, dunklen, eisig kalten Ozeans, den nicht ein einziger Fisch noch irgendeine Pflanze belebte. Ungeachtet dieses Standortes tief unter Wasser strich ein arktisch kalter Wind durch die Türen und Fugen des Güterwagens. Immer fror die Träumerin entsetzlich.[112]

Was sich in diesem Traum direkt zeigt, ist eine schwer deformierte Welt und ein äußerst pathologisches Verhalten der Patientin dieser Welt gegenüber.

---
110 Boss ^{2}1991, S. 61
111 Boss ^{2}1991, S. 219
112 Boss 1975, S. 395

Der Patientin wurde im Wachzustand nach einigen daseinsanalytischen Sitzungen mit Vehemenz ihre sich in diesem Traum zeigende, ihr ganzes Wesen durchwaltende angsterfüllte Grundstimmung einer völligen Verlassenheit, Verlorenheit und Ungeborgenheit klar.

„Sie verstand mit einem Male, daß sich ihr aus solcher Stimmung heraus nur eine leere, eisig einsame, dunkel-verdeckte Welt auftun konnte, bar jeder Beziehung zu anderen Lebewesen oder gar Mitmenschen."[113]

Bei näherer phänomenologischer Betrachtung ist festzustellen, daß der Güterwagen ein Transportmittel für Waren ist. Das heißt, daß die Träumerin sich im leeren Wagen wie ein Stück vergessener Ware fühlte, die nach Belieben hin- und her- bzw. ausrangiert werden konnte. Die Stimmung des Frierens weist auf ein Leben in Gefühlskälte der Umgebung hin, da menschliche Nähe, gemütvolle Zuwendung und Herzlichkeit mit Wärme verbunden wären.

Zieht man nun tiefenpsychologische Traumdeutungsansätze zum Vergleich hinzu, so ließe sich der Ozean als Symbol für den Mutterleib deuten und somit bei der Patientin der infantile Triebwunsch vermuten, in den Mutterleib zurückzukehren. Diese Deutung würde nach Freud dem Traum als einer Wunscherfüllung entsprechen. Im Sinne einer unbewußten Traumarbeit, die die Traumdinge in ihr Gegenteil verkehren kann, könnte die Wärme des Uterus in die Kälte des Ozeans verwandelt worden sein. Auch könnte der Ozean ein Symbol aus dem kollektiven Unbewußten nach Jung sein.

Im Falle von Boss' Patientin erwies sich die phänomenologische Auslegung für sie als zutreffend und hilfreich. Die tiefenpsychologischen Theorien, mit denen sie sich selbst schon vor ihrer daseinsanalytischen Therapie auseinandergesetzt hatte, hatten ihr nicht weiterhelfen können.

Die eigentliche *therapeutische* Anwendung dieser Traumauslegung liegt z.B. in dem Fragen an den Patienten, ob er im Wachen vielleicht hell-sichtiger sei und umso klarer sehen könne, wie das, was er träumte, mit seinem freien

---

113 Boss 1975, S. 397

bzw. unfreien Lebensmöglichkeiten zu tun hat. So würde Boss beispielsweise einen Patienten, der von einem Hund geträumt hat, fragen:

„Vermögen Sie erstens als Wiedererwachter nicht umso viel klarer zu sehen, daß Sie jetzt auch etwas von einem unfreien, hundeähnlichen Verfallen-sein an Begegnendes erkennen können, das als eine menschliche Verhaltensmöglichkeit Ihrem eigenen Existieren zugehört; die Sie mithin selbst auch sind? (...) Können Sie jetzt wachend ein analoges panisches Angstverhalten, wie Sie es träumend gegenüber einem „außenweltlichen" Hunde erfuhren, nicht auch gegenüber den Ihnen selbst eigenen tierähnlich-unfreien Lebensmöglichkeiten ahnen?"[114]

Durch die Auswahl dieser von Boss gestellten Fragen offenbaren sich seine eigenen Wertvorstellungen und -maßstäbe.[115] Besonders deutlich wird dieses Wertvorstellungsmuster von Boss in seinen Bemerkungen zu den „sexuellen Perversionen", die in einem gesonderten Kapitel behandelt werden.

Außerdem sieht Boss therapeutischen Nutzen im Hinweisen auf die beispielhafte psychische Gesundheit des Therapeuten selbst: „In contrast to the dreamer, he [der Therapeut] has gathered his existing into a self-owning way of being himself and has freely at his disposal all of his possibilities for bonding relations."[116]

Dieses Zitat weist auf ein zentrales Motiv in der daseinsanalytischen Traumauslegung hin: die Handlungsfreiheit. Boss stellt immer wieder heraus, inwiefern der Träumer in der Lage ist, auf die Dinge, die ihm im Traum

---

114 Boss ²1991, S. 41f
115 Diese therapeutischen Fragen an den „Erwachten" erscheinen etwas suggestiv: „(...) sehen Sie nicht, daß ..., sind Sie vielleicht nicht hellsichtiger als im Traum ..., gibt es nicht freiere Möglichkeiten...?" etc. Die Gefahr, die in solchen Fragen liegen kann, ist ihr trotz aller phänomenologischen Bemühungen subjektiver Charakter, der auf den Patienten normativ wirkt. Boss scheinen in seinen Fragen und Auslegungen bestimmte freiheitlich-menschliche Attribute vorzuschweben, die sich nach Geschlecht unterscheiden: „reif, liebesfähig, unabhängig, maskulin" sollen die Patienten männlichen Geschlechts werden. Für die weiblichen Patienten läuft die Offenheit, die im Gesundungsprozeß ergriffen werden soll, hauptsächlich auf das Erwerben der Fähigkeit hinaus, „eine rechte, sich dem Mann liebend hingeben könnende Frau zu sein".
116 Boss 1977, S. 24

begegnen, frei zu reagieren. Wählt der Träumer eine bestimmte Reaktion, so muß er sich allerdings von Boss im Wachzustand die Frage gefallen lassen, warum ihm eine andere Reaktion im Traum nicht möglich war. So fragt Boss beispielsweise einen Patienten, der davon träumte, ein Fußballspiel aus der Vogelperspektive wie von einem Helikopter aus zu betrachten, ob er sich auch insgesamt nur als distanzierten Zuschauer im Spiel des Lebens sehen könne.[117]

Diese Einschränkung der Freiheit durch persönliche Hemmungen sowohl bewußter als auch unbewußter Art, die Boss Beschränkungen des Welt-Offenheitsbereiches nennen würde, spielt sicherlich besonders bei neurotischen und depressiven Patienten und in ihren Träumen eine große Rolle. Es fragt sich jedoch, ob diese Auslegungsausrichtung nicht in eine Einseitigkeit führen kann. Das wäre dann der Fall, wenn die Möglichkeit nicht beachtet würde, daß ein Träumer nicht aus einer *Einschränkung*, sondern aus *freier Wahl* auf eine bestimmte Weise auf eine Gegebenheit reagiert. Das soll für das obige Beispiel heißen, daß der Zuschauer aus der Vogelperspektive durchaus die Möglichkeit zur Teilnahme an dem Fußballspiel verspüren, jedoch *frei* die umfassendere Sicht von oben gewählt haben könnte. Die genauere Klärung hinge dann von näherem Befragen des Träumers nach seinem Empfinden im Traum ab.

---

[117] Boss, 1991, S. 154

2.2 Unterschiede und Gemeinsamkeiten des Wachzustandes und des Träumens

Boss spricht von Wachen und Träumen als zwei Modifikationen desselben Existierens. Er fordert, daß für beide Zustände dieselben Regeln zu gelten haben, weil sich *eine* Identität als Kontinuität in Wachen und Träumen durchhalte. Daher müßten gerade nicht für das Träumen völlig neue Mechanismen und Symbolhaftigkeiten angenommen werden. Ein Traum ist für Boss somit kein „Ding," das man „haben" kann, sondern die Fortsetzung der Existenz des Wachzustandes: man „ist träumend," und man „ist wachend."[118]

Ein entscheidender Unterschied zwischen Wachen und Träumen liege dagegen in der Andersartigkeit des Offenheits- und Freiheitsbereiches, der sich dem Menschen im einen und im anderen Zustand auftue. Das heißt, im Traumzustand und im Wachzustand stehen dem Menschen unterschiedliche Möglichkeiten zu handeln, z.B. im Traum frei zu fliegen, und zu existieren, z.B. im Traum als Hund, zur Verfügung. Dem äußeren Anschein nach sei in der Traumwelt der Mensch freier, weil ihm mehr Handlungsmöglichkeiten gegeben seien, doch bei näherer Betrachtung verhalte es sich genau anders herum. Wachend können wir uns, wenn wir nicht an neurotischen oder psychotischen Störungen leiden, nach Belieben in nahe und ferne Bezüge sowohl zu sinnenhaft wahrnehmbaren Gegebenheiten als auch in Gedanken in Vergangenheit, Gegenwart und Zukunft versetzen. Wir seien „verhältnismäßig frei, uns im gesamten Zeitspielraum des Offenen des Weltbereiches aufzuhalten."[119]

---

[118] Wenn man von einer solchen *Kontinuität* in der Identität des Träumenden auch in den Wachzustand hinein ausgeht, dann müßte eine Wunscherfüllung, wie Freud sie als Trauminhalt postuliert, auch aus da-seinsanalytischer Sicht möglich sein, da ein Wunsch, von dem die wachende Existenz erfüllt ist, auch in der träumenden weiterlebt.
[119] Boss ^{2}1991, S. 228

Unsere Traumwelt dagegen sei hauptsächlich durch den Anwesenheitsmodus der unmittelbaren Gegenwärtigkeit charakterisiert, die *nicht willentlich beeinflußbar* sei.

Ein weiterer großer Unterschied zum Wachen liege beim Träumen im Überwiegen des starken sinnenhaft-wahrnehmbaren Gegenwärtigkeiten, der Bilder, der materiell sichtbaren Dinge. Auf diese Tatsache wies schon zur Zeit der Romantik der Mediziner und Naturphilosoph Gotthilf Heinrich von Schubert (1780–1860) in seiner Traumdeutungslehre hin:

„So lange die Seele diese Sprache redet, folgen ihre Ideen einem andern Gesetz der Association als gewöhnlich, und es ist nicht zu läugnen, daß jene neue Ideenverbindung einen viel rapideren, geisterhafteren und kürzeren Gang oder Flug nimmt, als die des wachen Zustandes, wo wir mehr mit unsern Worten denken. Wir drücken in jener Sprache durch einige wenige hieroglyphische, seltsam aneinander gefügte Bilder, die wir uns entweder schnell nacheinander oder auch nebeneinander und auf einmal vorstellen, in wenig Momenten mehr aus, als wir mit Worten in ganzen Stunden auseinander zu setzen vermöchten; erfahren in dem Traume eines kurzen Schlummers öfters mehr, als im Ganze der gewöhnlichen Sprache in ganzen Tagen geschehen könnte, und das ohne eigentliche Lücken, in einem in sich selber regelmäßigen Zusammenhange, der nur freilich ein ganz eigenthümlicher, ungewöhnlicher ist."[120]

Der Gedanke über die starke Bilderdominanz unseres Traumbewußtseins war also schon um 1800 nicht unbekannt.

Boss stellt heraus, daß im Wachen dagegen auch so etwas wie das Einsehen in nicht unmittelbar sinnlich wahrnehmbare Dinge möglich sei. So können wir wachend z.B. darüber ausführlich reflektieren und willentlich entscheiden, wie wir uns verhalten sollen, wie wir uns verhalten haben, etc. Im Traum dagegen sind wir mehr nach außen – auf diese Dinge hin – gerichtet als selbstreflektierend. Ein Traumbeispiel möge zur Verdeutlichung dienen, wie aus einer Reflexion des Tagesbewußtseins im Traum ein Bild werden kann:

---

120 Schubert 1814, S. 1

„Ein 40jähriger lediger Mann beschäftigte sich vor dem Einschlafen mit dem Problem der menschlichen Freiheit. Kurz malte er sich den Unterschied der Freiheit der Menschen in Westeuropa gegenüber der Unfreiheit aus, die in den östlichen Volksdemokratien herrscht. Schon im Übergang seines Wachzustandes in ein Schlaf-Träumen schrumpfte seine Welt in so hohem Maße ein, daß er sich selbst nur noch in einem engen Schweinepferch eingesperrt vorfand."[121]

Das Wesen des *Er*wachens sei, daß dem Menschen dabei die Welt wieder als dieselbe begegne wie die, aus der man eingeschlafen sei. Wenn man dagegen zu träumen beginne, spreche man nicht von „Erträumen", eben weil die Welten in jedem neuen Traum neu seien und nicht durchgängig. Es bestehe daher auch keine lebensgeschichtliche Kontinuität im Träumen.[122]

2.3 Zwei Träume im Vergleich

Um den Unterschied zwischen phänomenologischer Traumauslegung und der Traumdeutung nach Freud wie nach Jung herauszuarbeiten, soll ein Traum einer Patientin Freuds und ein Traum eines Patienten Jungs auf die Methode des jeweiligen Psychiaters hin gedeutet und mit der phänomenologischen Auslegung verglichen werden.

Erster Traum. Die Träumerin war eine Patientin Freuds und Mutter einer vierjährigen Tochter. Sie litt unter einer Agoraphobie.

Die Mutter der Träumerin schickt ihre (der Träumerin) kleine Tocher weg, damit sie allein gehen muß. Sie (die Träumerin) fährt dann mit der Mutter in der Eisenbahn und sieht die Kleine direkt auf den Schienenweg zugehen, so daß sie überfahren werden muß. Man hört die Knochen krachen (dabei ein unbehagliches

---

[121] Boss ²1991, S. 237
[122] Boss 1953, S. 236

Gefühl, aber kein eigentliches Entsetzen), dann sieht sie (die Träumerin) sich aus dem Waggonfenster um, ob man nicht hinten die Teile (ihres überfahrenen Töchterchens) sieht. Dann macht sie ihrer Mutter Vorwürfe, daß sie die Kleine allein hat gehen lassen.[123]

Freud geht davon aus, daß Träume Wunscherfüllungs-Charakter haben. Unbewußt gebliebene, weil von der innerpsychischen Instanz eines Über-Ichs bzw. von anerzogenen Moralvorstellungen zensierte Impulse und Wünsche können in einem Traumgeschehen in die Tat umgesetzt werden. Dabei handelt es sich um – meist verdrängte – Triebwünsche, oft infantilen Charakters. Im Traum leistet das Unbewußte die sogenannte Traumarbeit. Das heißt, daß diese verdrängten Inhalte des Tagesbewußtseins im Traum in veränderter Weise aufsteigen träumend umgewandelt und so bearbeitet werden können. Gegen die Verdächtigung, bei den verdrängten Triebwünschen handele es sich in seiner Theorie stets um sexuelle Triebe, verwahrt sich Freud, indem er auf Hunger-, Durst- und Bequemlichkeitsträume hinweist. Dennoch finden sich in seiner Symboldeutung auffallend viele sexuelle Symbole. Ein Blumenstrauß beispielsweise symbolisiert in den unterschiedlichsten Kontexten bei Freud das weibliche Genitale.[124] Allerdings versucht er, die für ihn allgemeingültigen Symbole auf die spezielle Situation und Assoziation des Patienten anzupassen.

In seiner Deutung des oben geschilderten Traumes schreibt Freud, „das Kleine ist das Genitale – das Überfahrenwerden ist ein Symbol des Geschlechtsverkehrs." Um das zu beweisen, ändert er in seiner Deutung dieses Traumes die Traumstelle „ob man nicht hinten die Teile sieht" um in „ob man nicht die Teile von hinten sieht." Dies schafft für ihn den Zusammenhang mit dem nachträglichen Einfall der Träumerin, sie hätte einmal des Vaters Geschlechtsteile im Badezimmer ebenfalls *von hinten* gesehen.

Das Wegschicken der Kleinen deutet er als eine „Kastrationsdrohung," da das Kleine wie oben erwähnt, das Genitale der Träumerin symbolisiere.

---

123 Freud 1982, S. 356
124 Freud 1982, S. 367

Freud räumt ein, daß das Überfahrenwerden in diesem Traum nicht völlig evident Geschlechtsverkehr symbolisiere. Dennoch sei ihm diese Bedeutung aus zahlreichen anderen Quellen bekannt.

Medard Boss beurteilt diese Deutung als weit hergeholt, unberechtigt und nicht belegbar. Er weist vielmehr darauf hin, daß es aus daseinsanalytischer Sicht viel angebrachter sei, beispielsweise die enge räumliche Nähe zur Mutter zu betrachten, die sich auch im Wachzustand wiederfinde. Die Träumerin sei menschlich sehr eng an die Mutter gekettet. Im Traum befolge die Träumerin sogar die Anweisung der Mutter, ihr Töchterchen wegzuschicken, obwohl sie es der großen Gefahr aussetze, vom Zug überfahren zu werden.

Unter therapeutischem Aspekt würde Boss auf die unglaubliche Übermacht der Mutter im Traum hinweisen und nach Situationen in Vergangenheit und Gegenwart der Träumerin fragen, die eine solche unselbständige Kindlichkeit ihrerseits aufweisen.

Der Daseinsanalytiker würde dann danach fragen, warum sie sich die mütterliche Tyrannei eigentlich immer gefallenlassen habe, um der Patientin die Einsicht zu ermöglichen, daß es auch ganz andere Verhaltensweisen Müttern gegenüber gibt, als nur die ihr – wachend und schlafend – vertraute Unterwerfung.

Zweiter Traum. Es handelt sich bei dem Träumer um einen Patienten C.G. Jungs.

Ein junger Mann träumte von einer großen Schlange, die in einem unterirdischen Gewölbe eine goldene Schale bewachte.

In Anlehnung an Freud nimmt auch Jung an, die Träume entstünden im Unbewußten des Menschen und unterlägen dort bestimmten Mechanismen. Seine Symboldeutung bezieht sich jedoch nicht auf die Erfüllung infantiler Triebwünsche, sondern auf sogenannte „Archetypen", die einem überpersönlichen „kollektiven Unbewußten" entspringen. Es sind in der Jungschen Traumdeutung die Archetypen, die sich im Gewand eines Traumsymbols manifestieren. Diese Archetypen sind Symbole aus Märchen und Mythen der Völker und daher in überpersönlichem Wissen den einzelnen Menschen verinnerlicht. Meist besitzen die Archetypen ein magisches Moment oder numinösen Charakter. Besonders wichtig ist für Jung auch die Aufnahme des Kontextes, d.h. die Feststellung der Bedeutungsnuance jeder Einzelheit des Traumes anhand der Einfälle des Träumers.

Bei der Deutung des obigen Traumes fiel die Aufnahme des persönlichen Kontextes des Träumers so unergiebig aus, daß Jung sich die starken Affekte, die für den Träumer mit diesem Traum verbunden waren, nur durch die mythologische Bedeutung erklären konnte, die Schlangen und Drachen mit einer Heldenprobe in Verbindung bringt.

Für Boss ergibt die genauere Betrachtung des Kontextes dieses Trauminhaltes den Verdacht, für den Träumer sei die Nähe der machtvollen Riesenschlange insofern affektbegleitet, als sie eine feindliche, gefährliche, irdisch-tierhaft, dumpfe unfreie Existenz sei, die mit solchen Aspekten der Existenz des Träumers selbst zu tun habe. Der Träumer könnte sich als gehemmter Anpasser vor seinen instinktiven tierhaft-schlangenähnlichen Lebensmöglichkeiten ängstigen. Die goldene Schale sei ein kostbares Gefäß, in dem etwas empfangen und bewahrt werden könne. Für Boss ist das Menschsein schlechthin schalenähnlich geartet in seiner weltoffenen, empfangenden Geste. Der Träumer habe also von der menschlichen Existenz geträumt.

Eine weitere Möglichkeit einer phänomenologischen Auslegung hätte den Inhalt, daß der Träumer sich von seinen starren, schlangenartigen, mächtigen niederen Instinkten feindlich daran gehindert sieht, zu der goldenen Schale seiner kostbaren Weltoffenheit und Wahrnehmungsbereitschaft durchzudringen.

2.4 Raum und Zeit im Traum

Boss wirft die Frage auf, ob wir im Traum in einem noch höheren Grade weltoffen seien als im Wachen. Für eine Bejahung dieser Frage sprechen prophetische, telepathische und diagnostische Träume. Derartige Träume von einigen seiner eigenen Patienten und aus der Literatur stellt er in seinem Buch „Der Traum und seine Auslegung" vor.[126]

Er weist auf Patienten hin, die entweder schon Jahre vor dem Ausbruch ihrer psychiatrischen Erkrankung oder direkt davor charakteristische, auf die Erkrankung hindeutende, teils sich wiederholende Träume hatten.

„Als sechsjähriges Mädchen träumte zum Beispiel eine mit zweiunddreissig Jahren schizophren gewordene Patientin erstmals folgenden Traum: Auf einem riesig grossen, runden Tisch liegt auf einem Teller eine Kugel. Wie die Träumerin ein wenig um den Tisch herumgeht, entdeckt sie von dieser Seite aus, daß die Kugel ein Totenkopf ist, der sie angrinst. Unmittelbar darauf verschmelzen Tisch, Totenkopf und Träumerin miteinander und lösen sich in einer unbestimmbaren Leere auf Dieser Traum wiederholte sich jedes Jahr ein bis zweimal und blieb erst seit dem Ausbruch der manifesten Psychose endgültig aus. Schon von seinem ersten Auftreten an, sagte die Patientin selbst, hätte sie stets gewusst, dass er ihr das Verrücktwerden voraussage. Sechsundzwanzig Jahre vor dem im Wachen wahrnehmbaren Sterben ihres Kopfes, vor ihrem geistigen Tode, erfuhr sie ihren zukünftigen Zustand von diesem Totenkopfe des Traumes her und nahm sie in der Leere des Traumes den schliesslichen Verlust ihres Existierens, ihres ekstatischen Bezughabenkönnens zu den Dingen der Welt wahr."[127]

Während man einen Traum *kurz* vor dem eigentlichen Erkrankungseintritt als ein „schon Gestimmtsein" auf diese Erkrankung werten kann, ist die Erklärung für die „prophetischen Träume" lange Zeit vor der Erkrankung

---

126 Boss 1953, S. 178
127 Boss 1953, S. 189

schwieriger. Hier bietet das Heideggersche Denken des Zusammenfalls aller drei Zeiten im Dasein einen interessanten Ansatzpunkt.

„Sind aber derartige Träume, wie insbesondere auch die von einigen schizophrenen Kranken Jahrzehnte vor dem psychotischen Zerfall ihres Wachlebens wahrgenommen, in spezifischer Art katastrophalen Traumereignisse nicht überhaupt nur möglich, insofern wir nicht nur immer unsere Vergangenheit noch mit-, sondern uns immer auch schon unsere ganze Zukunft vorweg sind? Wie könnte sonst unser Dasein dem erst aus unserer Zukunft her Künftigen und Zukommenden gegenüber offen sein?"[128]

Der Mensch wäre also in seiner Gegenwart immer nicht nur mit seiner gesamten Vergangenheit zu sehen, sondern auch mit seiner Zukunft ins Auge zu fassen.

Die daseinsanalytische Erklärungsmöglichkeit *telepathischer Träume*, d.h. räumlich nicht unmittelbar leiblich-sinnlicher Erfahrungen, unterscheidet sich ganz grundlegend von der gängigen, an die Naturwissenschaft angelehnten Vorstellung, daß räumliche Distanzen mit Hilfe von der Aussendung von Strahlen überwunden werden können, und daß man bestenfalls davon ausgehen kann, daß auch diese „telepathischen Strahlen" einmal mit Meßgeräten erfaßbar sein werden. Daseinsanalytisch gesehen ist der Mensch jedoch ein weltoffenes Wesen, das immer schon „draußen" ist bei den Dingen, die ihm begegnen, auch bei den Dingen, die er nicht mit seinen Sinnesorganen erfaßt, sondern bei denen er beispielsweise nur gedanklich ist. Auf dieser gedanklichen Grundlage fällt es auch nicht schwer, sich vorzustellen, daß dem Menschen etwas begegnen kann, das nicht in Reichweite seiner Sinnesorgane liegt.

Überhaupt ist Raum nicht wesensmäßig rein mathematisch zu erfassen. Boss sagt dazu:

„In Wirklichkeit ist aber ursprünglich gar nie ein Raum an und für sich vorhanden, an dessen verschiedenen Stellen dann Dinge zu stehen oder auch nicht zu stehen kämen, so Zwischenräume und Abstände verschiedenster

---

[128] Boss 1953, S. 197

Ausdehnung zwischen sich lassend. Der ursprüngliche Raum wird unserem Dasein vielmehr immer nur in unseren ungegenständlichen Beziehungen zu den Dingen und Menschen unserer Welt eingeräumt. Darum sind nie zuerst irgendwelche Stellen in einem abstrakten Raume da, an denen die Dinge stünden. Umgekehrt sind erst die Dinge die Orte, und unser Verhältnis zu ihnen bestimmt auch ihre ursprüngliche Nähe und Ferne, ihre räumlichen Beziehungen zu uns. Wenn darum in der Rilkeschen Übersetzung des siebenten der ‚Sonette‘ aus dem Portugiesischen die Liebende zum Geliebten sagt: ‚Nur wo du bist, entsteht ein Ort‘, so gilt dies, wie von allen begegnenden Menschen überhaupt, so auch für alle wahrgenommenen Dinge."[129]

2.5 Traumentwicklung im Verlauf einer daseinsanalytischen Therapie

Exemplarisch möchte ich eine Traumserie einer 20jährigen Medizinstudentin herausgreifen, die sich wegen einer Zwangsneurose einer Daseinsanalyse unterzog. Anhand dieser Traumserie lassen sich ihre Reifungsschritte in Richtung Genesung aufzeigen. Zunächst sollen die Trauminhalte dargestellt und dann nacheinander ausgelegt werden.

Erster Traum, 3 Monate nach Analysenbeginn: „Letzte Nacht hatte ich einen merkwürdigen „Doppeldecker" von Traum. Ich erwache im Traum und habe nun nach dem Erwachen, aber vom vollen Wachen her gesehen immer noch weiterträumend, ein merkwürdiges Empfinden im Munde, so als wäre mein Mund voller Kieselsteine. Ich spucke einige davon aus und entdecke dabei mit wachsendem Entsetzen, daß es gar keine Kieselsteine, sondern meine eigenen Zähne sind, die alle plötzlich morsch geworden und abgebrochen waren. Nach diesem Erschrecken erwache ich dann richtig und muß erst Nachschau halten, ob das eben Geträumte wirklich nur Geträumtes oder nicht doch wache Wirklichkeit ist. Zum Glück war letzteres nicht der Fall."[130]

---

129 Boss 1953, S. 219f
130 Boss ²1991, S. 147

Zweiter Traum, 18 Monate nach Analysenbeginn: „Wir, das heißt meine Familie, Verwandte und Bekannte kommen eben aus der Kirche, wo meine Konfirmation stattgefunden hatte, Wir gehen ins nahegelegene Hotel Schwanen, wo unser das übliche Konfirmationsessen wartet. Wie ich nun die erste Scheibe Brot anbeißen will, merke ich, daß mir alle Schneidezähne fehlen. An ihrer Stelle finden sich nur blaurot wulstige Wundränder um Zahnwurzellöcher herum. Erst jetzt erinnere ich mich wieder, daß ich ja in zahnärztlicher Behandlung bin. Ich beruhige mich bei dem Gedanken, daß mir mein Zahnarzt versicherte, nach der Behandlung werde jedermann die Prothese für richtige Zähne halten."[131]

Dritter Traum, 27 Monate nach Analysenbeginn und 4 Monate vor der erfolgreich beendeten Analyse: „Ich schaue mich im Spiegel an, um meine Zähne zu kontrollieren. Im Traum weiß ich, daß mir im Laufe der letzten Monate ein Milchzahn nach dem andern ausgefallen war. Darüber wunderte ich mich keineswegs. Mit Freude sah ich nun im Spiegel, wie in vielen Zahnlücken schon deutlich die Spitzen neuer, größerer und stärkerer Zähne zum Vorschein kommen. Andere Lücken waren bereits mit großen, starken, ausgewachsenen Zähnen ausgefüllt."[132]

Im Gegensatz zu Freudschen Traumdeutung, in der Zahnausfall ein Masturbationssymbol[133] darstellt, fragt die daseinsanalytische Traumauslegung phänomenologisch nach dem „Wesenhaften" von Zähnen und ihrem Ausfallen.

Die Zähne gehören zur menschlichen Leiblichkeit, die für Boss nie ein für sich bestehendes Körperding oder eine ein für allemal festgelegte Sache ist, sondern der Ausdruck des Da-Seins des Menschen selbst. Der Mensch „leibe" seine Beziehung zu den Gegebenheiten der Welt. Auf den Zahn bezogen bedeutet das das Anpacken, Greifen, Sich-Aneignen, Sich-Einverleiben von materiellen Dingen der Umwelt.

---

131 Boss ^{2}1991, S. 147
132 Boss ^{2}1991, S. 147
133 nach Boss ^{2}1991, S. 147

Diese Bedeutung habe nichts mit einem „*Symbol* für Greifen, Zupacken etc." im Sinne einer Verschlüsselung zu tun, sondern sei der Verweisungszusammenhang, der sich bei einfühlsamer Betrachtung eröffne.

Für die therapeutische Anwendung ergibt sich aus diesem „Wesensblick" zum ersten Traum die Frage danach, ob die Patientin vielleicht auch als Wache eigentlich schläft und auch wachend noch erst richtig wach werden muß; außerdem fragt sich, ob das Anpacken und Ergreifen von Dingen, sowie Einstellungen und Weltanschauungen in die Brüche gegangen ist, d.h. ob vielleicht bei Beginn der Analyse ihre bisherige „Begrifflichkeit", ihre alte Weltanschauung zu Bruch gegangen ist und sie darüber ein ähnliches Entsetzen verspürt wie ihre Panik im Traum über den Zahnausfall.

In der therapeutischen Auswertung des zweiten Traumes wäre erstens die Frage zu stellen, inwiefern sich die Patientin auch wachend noch als Konfirmandin und daher auf den Schutzwall der Familie angewiesen fühlt. Und zweitens wäre der Hinweis zu geben, daß die Patientin die Zahnreparatur von einem anderen Menschen her erwartet und sich mit bloß „gemachten" Prothesen zufriedengibt. Analog sollte die Patientin einsehen können, daß sie auch von der Analyse erwartet, sie bräuchte nur passiv hinzuhalten und würde ihre existentiellen Verhaltensmöglichkeiten vom Analytiker eingepflanzt bekommen.

Der Unterschied in der Betrachtungsweise zur herkömmlichen Traumdeutung liegt darin, daß der Traum-Zahnarzt nicht einfach den Analytiker *symbolisiert*, sondern daß die Patientin durch ihr waches Analysiert-Werden auf die Bedeutsamkeit der ärztlichen Behandlung eingestimmt wurde. Diese Einstimmung spiegele sich im Traumgeschehen wieder bzw. halte sich durch.

Der dritte Traum fällt in eine Zeit, in der die Patientin gelernt hat, auf eigenen Füßen zu stehen, was in der Traum-Freude über das Nachwachsen neuer, schönerer und kräftigerer Zähne zum Ausdruck komme. Der Traum liefert einen Hinweis darauf, daß die Therapie geglückt ist.

IV.3 Die Bedeutung sexueller Perversionen

Die Einordnung sexueller Perversionen als Krankheit ist geschichtlichen und kulturellen Entwicklungen unterworfen. So galt es in der Antike z.b. durchaus als üblich und keineswegs als anstößig, wenn ein erwachsener Mann ein Verhältnis mit einem Knaben hatte, dem er gleichzeitig geistiger Lehrer war. Vielmehr sah man darin einen Ausdruck edler Haltung. Heute wird Homosexualität als sexuelle Variante, nicht aber als Perversion oder Krankheit eingestuft.[134] Der medizinische Diskurs über die sexuellen Perversionen hat sich erst im 18. und 19. Jahrhundert vertieft, als zunächst die Ätiologie von Geisteskrankenheiten im sexuellen Gebiet gesucht wurde und man daraufhin auch die Perversionen der Psychiatrie zuordnete.[135]

3.1 Überblick

In den heute gängigen medizinischen Diagnoseschemata „Diagnostic and Statistical Manual (DSM III)" und der „International Classification of Diseases 9 (ICD-9)"[136] findet man unter „mental disorders" bzw. „diseases:" Homosexualität, ego-dystonische Homosexualität, Fetischismus, Pädophilie, Transvestitismus, Exhibitionismus, Voyeurismus, sexuellen Sadismus, sexuellen Masochismus, Zoophilie und Transsexualismus.

Die Veränderlichkeit der gesellschaftlichen Rolle und Bewertung der sexuellen Perversionen spiegelt sich auch in der Sprache wieder. So ist z.B. unterschiedlich, mit welcher Vokabel solche Tatbestände belegt werden, wie z.B. Deviation, Devianz, Entartung, abnormes Verhalten, Variation, Paraphilie, Abweichung[137]. V. Engelhardt weist darauf hin, daß auch das

---

134 Kockott 1988
135 Foucault 1994, S.43
136 In der neuen Klassifikation ICD-10 werden die Homosexualität und der Sado-Masochismus nicht mehr unter dieser Rubrik als pathologisch eingestuft.
137 Giese unterscheidet z.b. in seiner „Psychopathologie der Sexualität" 1962, sexuelle Fehlhaltungen als atypisches sexuelles Verhalten, das abweichend von den jeweils geltenden Normen und somit gegen herrschende Moralvorstellungen ist, von Perversion, die ein progredient süchtiges Verhalten darstellt.

Strafrecht diesen Wandlungen in Beurteilung und Verständnis der Normabweichungen im Sexualbereich folgte.[138]

Richard Freiherr von Krafft-Ebing (1840–1902) sah 1886 in seiner „Psychopathia sexualis"[139] in den sexuellen Perversionen das rein Krankhafte, ohne jegliche Verwandtschaft zur „normalen Sexualität."

Erst mit dem Aufkommen der Freudschen Psychoanalyse hat sich diese Sichtweise entscheidend geändert. Freud meinte, daß die sexuelle Perversion als polymorph-perverse Anlage in jedem Menschen vorhanden sei, nur in der Ausprägung, in der sie das Verhalten beeinflußt, liege der Unterschied, so daß sich keine scharfe Abgrenzung machen ließe. Er sah primär in den Perversionen eine neurotisch bedingte Regression auf einen kindlichen Partialtrieb.[140] In den Anfängen psychoanalytischer Forschung wurde die Perversionsbildung als kontraphobische Bewältigung von Kastrationsängsten im ödipalen Konflikt verstanden.[141] Später erfolgten Interpretationen als Störung in der Entwicklung des Selbst oder der Objektbeziehungen.

In der Weiterentwicklung dieser Ansätze meint Stoller,[142] Perversion entstünde aus der Sexualisierung von Konflikten, die durch die perverse Handlung gebunden werden. So soll dann ein psychisches Gleichgewicht hergestellt werden. Morgenthaler hingegen ordnet der Perversion die Funktion einer Plombe, eines Pfropfes zu, der eine Lücke in der Selbstentwicklung schließen soll.[143]

Tiefenpsychologisch gesehen, werden heute den sexuellen Perversionen eine Fülle von Motiven und Funktionen zugeschrieben, von denen einige vermischt vorliegen können, und die sich nicht unbedingt je einem einzigen morphologischen Korrelat zuordnen lassen. So kann es z.B. um die Demonstration von Männlichkeit, Ausweichen vor Genitalität, Wut und Haß, oppositionellen Ausbruch, Omnipotenz, Ausfüllen innerer Leere, Trost, Selbstvergewisserung und Depressionsabwehr gehen.

---

138 v. Engelhardt 1998, S. 220
139 v. Krafft-Ebing ^{2}1891
140 Freud ^{4}1968, S. 71
141 Schorsch 1985, S. 33
142 Stoller 1979
143 Morgenthaler 1974, S. 1077–1098

„Es sind verschiedene Grundthemen und Ängste, die sich in der perversen Symptomatik ausdrücken können, z.B. das Gefühl einer momentanen Wiederherstellung einer beschädigten männlichen Identität; ein triumphales Erleben von Potenz und Mächtigkeit in einem Lebensgefühl von Ohnmacht und Nichtigkeit; Suche nach Bewunderung, nach Nähe, Wärme, Geborgenheit, Fürsorge, Versorgtwerden, nach symbiotischer Vervollkommnung, z.B. in pädophilen Beziehungen; ein Erleben infantiler Allmachtsgefühle; Abwehr von Ängsten, von der Frau entmachtet, verschlungen, vernichtet zu werden, Phantasien, jemanden ganz für sich zu haben, zu dominieren als Ausdruck einer Angst vor dem Verlassenwerden usw."[144]

Neben diesem tiefenpsychologischen Ansatz ist heute auch ein verhaltenstherapeutisches Konzept von Bedeutung. Dahinter steht die Vorstellung von der Genese der sexuellen Perversion als zufällige Koppelung sexueller Erregung mit neutralen Reizen. Diese Lerntheorie basiert auf dem Konzept der „klassischen Konditionierung." So wird in dieser Theorie z.B. davon ausgegangen, daß beim Fetischismus mehr oder weniger zufällig sich eine sexuell neutrale Handlung wie das Betrachten eines Wäschestücks mit sexueller Erregung koppelt, indem bei Masturbation z.B. das Wäschestück einer begehrten Frau benutzt wird. Bei genügend häufiger Wiederholung reicht dann das Wäschestück allein als Reiz für die sexuelle Erregung aus. Zur weiteren Festigung des devianten Verhaltens wird nun der Mechanismus der operanten Konditionierung angenommen, insofern als der Orgasmus in Zusammenhang mit dem Stück Unterwäsche ein Lernen am Erfolg darstellt. Die auf dieser Theorie aufbauende Therapie ist die Verbindung der perversen Handlung mit immer wiederkehrenden negativen Reizen wie z.B. Elektroschocks o.ä. Es bleibt allerdings die Frage offen, warum z.B. Frauen so selten sexuell deviantes Verhalten zeigen,[145] obwohl doch auch bei ihnen sich zufällig sexuelle mit neutralen Reizen im selben Maße wie bei Männern koppeln könnten. Außerdem bleibt unklar, warum überhaupt nur bei wenigen Menschen diese Koppelung zur sexuellen Deviation führt.

---

144 Schorsch 1985, S. 33
145 Dennoch lassen sich in der Literatur Beispiele für sexuelle Abweichungen bei Frauen finden; so z.B. in Hans von Hentigs „Die Verbrechen der lesbischen Frau", 1959, ²1965

Schorsch weist darauf hin, daß eine Auffassung, die die sexuellen Perversionen als „deviante sexuelle Erregbarkeit" definiert und damit einhergehend die Sexualität auf sexuelle Erregbarkeit und auf ihren meßbaren physiologischen Aspekt reduziert, zu Blindheit für Sinn und Funktion von sexuellen Perversionen führt.[146]

Gegen diese Blindheit setzt sich auch Boss ein. Für ihn geht es nicht hauptsächlich um die *Ursachen*suche für eine Perversion, obwohl auch er der Erziehungs- und Kindheitskonstellation einen Wert zumißt. Anstelle des Ursachendenkens setzt er vielmehr das Deuten der Phänomene in all ihren Verweisungszuammenhängen. Damit vermeidet er die Herabwürdigung des Menschen zu einer streng determinierten Maschinerie, die durch Energiestauungen je nachdem neurotisch, psychotisch oder eben pervers wird. Auch eine Koppelung von Handlung und Reizen, die die menschliche Reaktion in deterministischer Weise herbeiführen würde, liegt Boss' Denken fern. Vielmehr ist die Freiheit eines jeden Menschen, sei es auch die stark eingeschränkte Freiheit eines Kranken, für ihn von größter Bedeutung.

Für Boss liegt bei den Perversionen eine *Deformation* des Liebesaktes vor. Es handelt sich hierbei um eine Einengung der Begegnungsmöglichkeiten auf einen ganz bestimmten Modus. Beim Fetischisten beispielsweise ist der Partner nur noch als physisches Rudiment gegenwärtig. Diese Auffassung steht der Ansicht Viktor Emil von Gebsattels, der den Charakter der *Destruktion* im perversen Verhalten hervorhebt, konträr gegenüber.[147]

---

[146] In der Literatur dagegen findet man Darstellungen, die Kunst und Mystik beim Umgang mit diesen Phänomenen den Vorzug vor der Wissenschaft geben (v. Engelhardt, 1990, S. 285).
[147] Müller-Suur 1963, S. 322

3.2 Phänomenologische Überlegungen zum Thema Liebe[148]

Die sexuellen Perversionen sind für Boss Ausdruck verkümmerten Menschseins mit mangelnder Liebesfähigkeit. Was versteht Boss unter Liebesfähigkeit bzw. Liebe? Er beschreibt das Phänomen Liebe als eine ganz besondere Vollzugsweise des In-der-Welt-Seins. Das spezifisch menschliche In-der-Welt-Sein sei immer primär schon ein Miteinander-Sein bei denselben Dingen einer gemeinsamen Welt, ein gemeinsames menschliches Erfahren der Dinge und Ereignisse und Gedanken, die uns im Schicksal entgegentreten.

Die Macht der Liebe läßt sich nach Boss eher dichterisch als naturwissenschaftlich beschreiben, als eine „weitende und nähernde, alle rechnerische Meßbarkeit überwindende Macht."[149] Die Geschlechterliebe als wiederum spezielle Form der Liebe ist eine „gegenseitige, besonders innige Teilhabe zweier Menschen an den Beziehungsmöglichkeiten den begegnenden Dingen und Mitmenschen gegenüber, die jeweils das Dasein des Partners konstituieren."[150]

Dabei vollzieht sich die männliche Existenz in männlichen Verhaltensweisen gegenüber den ihr begegnenden Dingen. Dasselbe gilt von den Frauen in bezug auf weibliche Verhaltensweisen. Die Erfahrung gegengeschlechtlicher Weltbezüge werde im Miteinandersein mit dem Partner und durch ihn hindurch möglich.

„Ein derartiges liebendes Teilhaben am Existieren des anderen, ein solches Einswerden im Bezogensein auf die Erscheinungen der gemeinsamen Welt,

---

148 Diese Überlegungen stammen aus der dritten Auflage des Buches „Sinn und Gehalt der sexuellen Perversionen", das 1966 im Kindler Verlag, München erschien, und 1984 als Fischer-Taschenbuch nachgedruckt wurde. Die erste Auflage erschien 1947 und war die Fassung der Habilitationsschrift von Medard Boss. Sie war die erste Frucht der Berührung seiner ärztlich psychiatrischen Erfahrungen mit dem Menschenverständnis Heideggers. Die 2. Auflage enthält eine genauere Ausformung des Entwicklungsweges der Theorien der sexuellen Perversionen und des Abschnittes über „Psychologische Bemerkungen zur Norm der Liebe". Die 3. Auflage ist erweitert um die Erkenntnisse aus der Abgrenzungsdiskussion gegenüber Binswanger (diese wird ausführlich in Kap. III geschildert).
149 Boss $_3$ 1984, S. 54
150 Boss ^{3} 1984, S. 51

das die gegengeschlechtliche Leiblichkeit des andern mitumfaßt, bedeutet eine ungeheure Bereicherung und Erfüllung menschlichen Daseins."[151]

Die sexuellen Perversionen sieht Boss auf diesem Hintergrund als Manifestationen des menschlichen Versuchs, die sinnliche Liebesfülle menschlicher Existenz doch noch zu erreichen, sei es auch mit noch so inadäquaten Mitteln. Der wichtigste Unterschied zu den tiefenpsychologischen Ansätzen liegt darin, daß hinter der Perversion kein ,,die Liebe kaputtschlagen Wollen" als Motiv steht, sondern ein mit verkümmerten Mitteln ,,zur Liebe durchdringen Wollen." Für Boss liegen diese Störungen in einem auf Enge und Angst gestimmten Weltverhältnis, in dem die Fülle und Hellsichtigkeit des liebenden Existierens verdeckt sind. Der Sexualakt wird dann zu einem rein leiblich-triebhaften Akt, der eine eingeschränkte und verstümmelte Liebesgestalt offenbart.[152]

3.3 Beispiele

Hier sollen zur Verdeutlichung einige Beispiele angeführt werden, die Boss selbst in seiner Habilitationsschrift verwendet.

Ein Fetischist

Das Problem: Konrad Schwing benötigte Damen-Handschuhe aus Leder bzw. Bärenfell, um in sexuelle Erregung zu geraten. Dabei genügte das Vorhandensein dieser Fetische alleine, oder es konnte eine Frau beteiligt sein, die diese trug. Ein nackter Frauenfuß oder eine nackte Frauenhand dagegen erschienen ihm ,,wie ein lebloses Stück Fleisch in einem Metzgerladen." In Gegenwart des Leders oder Pelzes dagegen spürte Konrad Schwing die ,,leibhafte Anwesenheit des Gottes Eros," der ihn – wie er empfand – über alles irdisch-Ekelhafte hinweghob und in einen Rauschzustand versetzte. Im unmittelbaren ,,normalen" geschlechtlichen Kontakt dagegen war er impotent.

---

[151] Boss ^{3}1984, S. 52
[152] Boss ^{3}1984, S. 56

Der familiäre Hintergrund: Konrad Schwing hatte eine starre, kalte, arrogante und feindselige Mutter und einen stillen, weichen Vater, der sich nicht durchsetzen konnte, der wie nicht präsent war. Die Mutter duldete weder körperliche Berührungen, noch Ausdrücke, die mit „niedrig-Körperlichem" zu tun hatten.[153]

In der daseinsanalytischen Betrachtungsweise ist der Blick auf die Existenzverfassung des Patienten von besonderer Bedeutung. Der Patient sagte von sich selbst, daß er sich durch Angst ständig eingeengt und isoliert fühlte, und daß diese Angst dauernd auf seinem Herzen lastete.

„Angst aber ist die kennzeichnende Grundbefindlichkeit (Heidegger) des auf sich selbst zurückgeworfenen, isolierten Daseins. Als solches ist sie der eigenste anthropologische Gegensatz der Liebe und stellt sich darum auch jedem Austragen der Fülle, Weite, Tiefe, Heimatlichkeit und Ewigkeit des liebend-In-der-Welt-sein-Könnens radikal entgegen."[154]

Die gesamte Existenz des Patienten war aus der lebensgeschichtlichen Erfahrung mit der Mutter heraus auf Angst, feindliches Mißtrauen, Ekel und Schuldgefühle gestimmt. Der umfassende Zugang zu einer „vollständigen" Liebesbeziehung zu einer Frau blieb ihm dadurch versperrt.

Die einzig offene Möglichkeit zu einem Liebesverhalten war für ihn der Rückzug in eine ätherische Welt der Symbole und antiken Mythologiegestalten, z.B. des Liebesgottes Eros s.o., einerseits und in die anonyme Welt der doch tief, fast tierisch Leibliches ausdrückenden Hüllen wie die Leder- und Bärenfellutensilien andererseits.

Boss wendet sich gegen die Auffassung Freuds, der Fetisch spiele stets die Rolle der sogenannten Deckerinnerung: die unbewußte Bedeutung des mütterlichen Phallus, die aus Kastrationsschreck verdrängt werden mußte. In dieser Behauptung sieht Boss die von ihm auch an anderer Stelle immer wieder kritisierte positivistische Einengung eines viel mehr umfassenden seelischen-leiblichen Phänomens, hier nämlich die Reduktion des liebend In-der-Welt-sein-Könnens auf ein isoliertes Organ. Boss räumt ein, auch

---

153 Boss ^{3}1984, S. 57
154 Boss ^{3}1984, S. 66

unter seinen Patienten solche erlebt zu haben, die einen phallischen Fetisch benutzen. Das seien jedoch Patienten mit teils latenter Homosexualität gewesen.

Boss sieht den Grund dafür, daß es unter den Fetischisten fast keine Frauen gibt, in der Tatsache, daß das typisch männliche Dasein überhaupt mehr Tendenzen zu *Phantasien* beinhaltet, und die Liebe der Frau sich mehr auf Konkretes bezieht.

„Darum könnte es dem Mann dann immer noch möglich sein, durch eben die anonymen, vom konkreten Leib einer bestimmten Persönlichkeit abgelösten, peripheren und unpersönlichen Gestaltausschnitte eines Fetisches hindurch doch noch eine gewisse Liebesfülle zu erleben, wo bei Frauen gleich starker Aussperrung der Liebe aus dem leiblichen Bereich des konkreten Partners nur mehr eine Frigidität resultieren müßte."[155]

Die Theorie der „Assoziation", der zufälligen Koppelung erster, frühkindlicher Erregungen mit einem gleichzeitig vorhandenen Gegenstand im Sinne der bereits behandelten klassischen Konditionierung lehnt Boss ab. Er ist dagegen der Meinung, daß schon eine solche erste Koppelung Ausdruck einer „fetischistisch" gestimmten Existenz sei. Lediglich die Gestalt des später gewählten Fetisches präge sich oft auf diese Art und Weise schon anhand der frühkindlichen Koppelungserfahrungen ein.

Ein Voyeur und Exhibitionist

Das Problem: Eugen Sommer konnte nur zu sexueller Erregung gelangen, wenn er vor Frauen exhibierte oder dieses phantasierte. Dazu legte er sich entkleidet in den Wald, wo er phantasierte, oder an einen Bahndamm, wo er von Frauen in den vorbeifahrenden Zügen angeschaut werden wollte, oder er lauerte speziell in abgelegenen Gegenden einzelnen Frauen auf, von denen er sich bewundernde und erschrockene Blicke erhoffte, jedoch niemals direkten sexuellen Kontakt. Für Eugen Sommer bestand der Geschlechtsverkehr lediglich in einer – wie er es nennt – „Blickkommunion".

---

[155] Boss [3] 1984, S. 73

In seiner Pubertät wurde er in der Regel durch das stundenlange intensive Beobachten eines von ihm verehrten Mädchens im Schwimmbad aus der Ferne sexuell so erregt, daß er einerseits den Blick nicht abwenden konnte und andererseits es nicht wagte, seine lange Hose auszuziehen, weil er sich unsagbar schämte. Dennoch hatte er in solchen Situationen oft auch gleichzeitig den Impuls, sich jäh seiner Kleidung zu entledigen und vor das Mädchen hinzutreten, das schüchtern zu ihm aufblicken und ihn schön finden sollte.
Der familiäre Hintergrund: Die Mutter von Eugen Sommer hatte ihm in gemeinsamer Arbeit mit dem Pfarrer einen Ekel und eine Scham allen sexuellen Dingen gegenüber mit Prügeln eingebleut. Sie hatte ihren Sohn vorehelich empfangen und empfand das als nie zu überwindende Schande. Der Vater von Eugen Sommer verstarb, als das Kind fünf Jahre alt war. Es wurde wegen seiner Schmächtigkeit und Ungeschicklichkeit in der Schule verlacht, konnte sich jedoch nicht aggressiv wehren, so daß es zum Prügelknaben wurde.[156]

Übersteigerte Scham[157] prägte das Existenzgefühl des Patienten. Scham, Schande und Sünde waren, was er mit sinnlich-erotischen Vorstellungen verband. Dadurch wurde ihm die Freiheit zur vollen Liebe genommen, sein Liebenkönnen stark eingeengt und verdeckt. Bei diesem Patienten handelt es sich um eine dermaßen ausgeprägte Schamübermacht, eine Schamkruste war als Gürtel um ihn herum gelegt, die nur für die äußerst dünne, magere „Blickkommunion" durchlässig werden konnte.
Die gängige Auffassung der Psychoanalyse liegt darin, die Quelle der Lust beim Exhibitionisten im Durchbrechen der Schamschranke des Mitmenschen im Sinne eines Lustgewinns aus der Nichtachtung der fremden privaten Sphäre zu sehen. Im Gegensatz dazu ist Boss der Ansicht, daß es eben nicht das Durchbrechen um des aggressiv-destruktiven Aktes willen sei, was erstrebt wird, sondern die nach dem Durchbruch erreichte Befreiung aus der pseudomoralischen Verpanzerung und die Blickvereinigung mit dem gegengeschlechtlichen Mitmenschen.

---

156 Boss ^{3}1984, S. 92
157 Boss weist auch auf Untersuchungen von B. Staehelin hin, der erstmalig für die Exhibitionisten eine zu hohe Scham postuliert, nicht eine zu geringe.

Ein Sado-Masochist

Das Problem: Erich Klotz empfand den „normalen" Geschlechtsverkehr als „schale, öde Angelegenheit", die er zwar phasenweise in Massen „konsumieren" konnte, die ihm aber keinerlei innere Erfüllung verschaffte. Das Demütigen, Beschimpfen, Vergewaltigen, Fesseln, Beißen, Peitschen und vor allem das Würgen der Frauen dagegen bereitete ihm höchste sexuelle Empfindungen. Von Frauen geschlagen zu werden, empfand er sogar als noch lustvoller, praktizierte dies jedoch nur selten, aus Angst, dabei die Kontrolle über sich völlig zu verlieren. Er beschreibt die sado-masochistischen Aktivitäten im Vergleich zu normaler Sexualität als „(...) verschieden wie „Tag und Nacht von der viel tieferen, gemeinsamen erotischen Lust", die aufkomme, sobald er Frauen „sanftmütig und widerstandslos offen" gemacht, wenn das „Schmelzwasser ihrer Tränen" „ihm verriet, daß das Eis gebrochen" sei, und er endlich seine Männlichkeit mit ihrem inneren Weiblichen „kommunizieren" lassen konnte, mit ihm in Fluß kam, und „eine gemeinsame Elektrizität" die beiden Körper verband."[158]

Der familiäre Hintergrund: Der Vater von Erich Klotz war ein Mensch, der außer eiserner Arbeit nichts anderes im Leben kannte noch duldete. Die Mutter hatte sich ihm völlig untergeordnet. „Mein Vater war kein Mensch, er war eine Metallfigur, ein grauer Eisenklotz. Mir ist auch, als hätte er immer einen grauen Bürorock angehabt, einen grauen verknöcherten Buchhalterpanzer, seelenlos, rein materielle Sache. (...) Da fließt kein Blut drin. Diese Buchhalterform hat mich von klein auf eingezwängt und zusammengedrückt."[159] Als Kind stand er unter extremem Leistungsdruck, den er später selbst verinnerlichte.[160]

Der Patient war von einer rastlosen „jeder-ist-seines-Nächsten-Feind-Stimmung" erfüllt und auf ein völlig egoistisches, zweckhaftes Handeln fixiert. Er lebte abgeschnitten sowohl von seiner Mitwelt als auch von der Welt seiner Gefühle.

---

158 Boss ³1984, S. 118
159 Boss ³1984, S. 108
160 Boss ³1984, S. 102

Die Haß-Stimmung, in der der Patient sich befand, bevor er mit seinen sado-masochistischen Aktivitäten begann, ist nicht mit einem Trieb, wie Aggressionstrieb oder Todestrieb zu erklären, sondern das hassende Weltverhältnis ließ ihn nur fratzenhaft, zwerghaft Enges wahrnehmen, das er „in alle Ewigkeit radikal kaputtschlagen und zu Staub zerstampfen"[161] wollte, sich, den Hassenden selbst schließlich mit eingeschlossen. Diese Stimmung verschwand mit der Aufnahme der sexuellen sado-masochistischen Praktiken.

Hautreizungen bei Sado-Masochisten können als Integritätsverletzung der leiblichen und geistigen Individuumsumgrenzung betrachtet werden. Nicht die Überwältigungen und Schrankenzerstörungen an sich im Sinne der Psychoanalyse sind die Quellen der Lust aus Boss' Sicht, sondern das Durchbrechen zu einem Kern, der schutzlos ist und verletzlich. Die Persönlichkeitshülle der stolzen, erwachsenen Frau mußte von diesem Patienten zerschlagen werden. Die Sehnsucht, die ihn dabei antrieb, war das Gefühl, daß Schmerz alle Mauern aufzureißen vermag.

Für Boss sind Sadismus und Masochismus zwei Seiten ein und derselben Medaille, da beide aus derselben Grundstimmung entspringen. Tiefenpsychologisch gesehen dagegen ist ein Masochist ein aus Schuldgefühlen handelnder Sadist.

In einem Interview mit Harrington Hall sagt Boss auf die Frage, ob er Sado-Masochismus als eine verkrüppelte Form der Liebe ansehe:

„Yes, a sadist, perceives himself as separated from his fellow-human-beings by thick walls. When he expresses his sexual feelings by inflicting pain on someone else, he is trying to break through these walls in the only way he can – by violence."[162]

Für Boss steht bei sämtlichen untersuchten sexuellen Perversionen im Vordergrund, daß nicht ein krankhaftes, anlagebedingtes oder auf andere Art determiniertes Verhalten die Perversionen ausmacht, sondern ein ver-

---

161 Boss ^{3}1984, S. 105
162 Harrington Hall 1968, S. 64

kümmertes Menschsein mit mangelnder Liebesfähigkeit. Nicht die Betrachtung der zur Analyse zergliederten einzelnen von Freud untersuchten Triebe steht hier zur Diskussion, sondern ein Weltbezug, der von Liebesunfähigkeit gekennzeichnet ist.

Die Liebesfähigkeit soll in der daseinsanalytischen Therapie wieder zu vollem, gesunden Ausleben gebracht werden. Die verdeckten Verhaltensmöglichkeiten sollen sich zunehmend entfalten können. Nähere konkrete Ausführungen über die genaue Gestaltung der Therapie finden sich in der Habilitationsschrift über den Sinn und Gehalt der Perversionen allerdings nicht.

V Die Daseinsanalyse in der heutigen Psychiatrie

V.1 Die daseinsanalytische Praxis heute

Am Daseinsanalytischen Institut für Psychotherapie und Psychosomatik (Medard-Boss-Stiftung)[163] in Zürich wird bis heute die Daseinsanalyse unter der Leitung von Gion Condrau praktiziert und gelehrt. Das Institut wurde 1971 gegründet. Ziel der Stiftung und des Institutes ist neben der Ausbildung von Ärzten, Psychiatern und Psychologen in daseinsanalytischer Therapie die Förderung der Forschung in der Neurosenlehre, Psychotherapie und Psychosomatischen Medizin. Bei der Ausbildung handelt es sich um eine integrale Postgraduate-Ausbildung auf einem praktisch-therapeutischen Erfahrungshintergrund, der durch die Erarbeitung philosophischer und theoretischer Grundlagen ergänzt wird.[164]

An dieser Ausbildung junger Kollegen hat sich Medard Boss bis in die letzten Jahre vor seinem Tod beteiligt, indem er Seminare (z.B. das „Heidegger-Seminar") leitete und Therapiekontrollen durchführte. Zur Zeit meines Besuches im Sommer 1993 waren zwölf Ärzte im Institut beschäftigt. Eine Ausbildung in daseinsanalytischer Therapie dauert drei bis fünf Jahre.

Die Räumlichkeiten des Daseinsanalytischen Institutes, das nicht weit vom Züricher Stadtzentrum entfernt lag, waren auch in ihrer Innenausstattung weitgehend dieselben wie zur Gründungszeit des Institutes bzw. zu Lebzeiten von Boss. Das Daseinsanalytische Institut ist Mitglied der International Federation of Psychoanalytic Societies und insofern in ständigem Austausch mit Vertretern anderer analytischer Richtungen.

Die Zeitschrift „Daseinsanalyse", die bis zum Jahr 1998 vom Daseinsanalytischen Institut herausgegeben wurde und viermal jährlich erschien, war außerdem offizielles Organ der Internationalen Vereinigung für Daseinsa-

---

163 Auf dem Foto ist der Eingang des Gebäudes in der Asylstrasse 119 zu sehen, in dem bis zu seinem Umzug 1997 das Institut beherbergt war.
164 Ein zusätzlicher Grundsatz des Institutes besteht darin, daß jedem Bedürftigen psychotherapeutische Hilfe zu sozial angemessenen Bedingungen gewährt werden soll.

nalyse, des Schweizerischen Fachverbandes für Daseinsanalytische Psychotherapie, der Schweizerischen Gesellschaft für Daseinsanalyse, der Deutschen Gesellschaft für anthropologische und daseinsanalytische Medizin, Psychologie und Psychotherapie und der Österreichischen Gesellschaft für Daseinsanalyse. Im wissenschaftlichen Beirat dieser Zeitschrift fanden sich nicht nur namhafte Vertreter aus Europa, sondern auch aus Südafrika und Japan.

Die daseinsanalytische Praxis entwickelte sich in ihren äußeren Gegebenheiten in Anlehnung an die psychoanalytische Praxis. Boss hat also unter dem Einfluß seiner Lehranalyse bei Freud und Behn-Eschenburg den Rahmen, innerhalb dessen die Daseinsanalyse durchgeführt wird, ähnlich gestaltet.

Es findet sich in den Analyseräumen eine Couch, auf der der Patient liegt. Der Analytiker sitzt für den Patienten unsichtbar in einem Sessel. Der Vorteil, den Boss in der Diwanmethode sah, war die vollständige auch leibliche Entspannungshaltung, die durch das horizontale Nebeneinander der Glieder insgesamt erst eine Haltung der völligen Offenheit bewirke und darstelle. Ein Gegenübersitzen hätte wieder das Augenmerk des Analysanden auf zwei getrennte Subjekte gelenkt und Widerstände hervorgerufen.[165]

Bei der daseinsanalytischen Therapie handelt es sich stets um eine Einzeltherapie. Die Behandlungsdauer ist verhältnismäßig lang. Sie bewegt sich zwischen drei und zehn Jahren.

Die Verpflichtung zu rückhaltloser Ehrlichkeit des Analysanden dem Analytiker gegenüber stellt ebenfalls eine Parallele zwischen der Daseinsanalyse und der Psychoanalyse dar. Condrau gibt dabei jedoch zu bedenken, daß diese Grundregel in der Psychoanalyse einen anderen Sinn habe als in der Daseinsanalyse. „Im ersten Fall dient sie der „Entdeckung des Unbewussten", im zweiten Fall dem Bemühen um volle Wahrhaftigkeit und Aufrichtigkeit, ohne die eine analytische Arbeit nicht möglich ist."[166]

---

[165] Condrau 1965, S. 110
[166] Condrau 1992, S. 18

Wie in der Psychoanalyse, so ist auch in der Daseinsanalyse die Beschäftigung mit den Träumen des Analysanden die „via regia" der Therapie. Bei der daseinsanalytischen Therapie geht es vor allem um das Verstehen der Traumwelt, wobei unterentwickelte und blockierte Existenzmöglichkeiten sichtbar gemacht werden sollen.

Erfolgskontrollen im Sinne einer „evidence based medicine" erscheinen schwierig, da es sich um die Behandlung höchst individueller Einzelschicksale handelt, die die notwendige Objektivierung erschweren. Dennoch könnte der Versuch unternommen werden, den Erfolg einer daseinsanalytischen Therapie an bestimmten Kriterien zu messen, die wiederum von dem subjektiv empfundenen Gefühl des einzelnen Patienten ausgehen könnten, durch die Therapie zu freierer Entfaltung seiner ureigensten Lebensmöglichkeiten gelangt zu sein.[167]

V.2 Die Rezeption der Daseinsanalyse

Die Daseinsanalyse gehört heute nicht zum psychiatrischen Grundwissen, das die Medizinstudenten in Deutschland im Rahmen des Psychiatrie- bzw. Psychosomatikkurses gelernt haben müssen. Auch psychiatrische Fachärzte sind in der Regel zwar über die Herkunft der Daseinsanalyse grob orientiert; wer sich aber nicht aus irgendeinem Grunde in seiner Facharztausbildung speziell dafür interessiert, wird mit diesem Thema nicht in Berührung kommen. Im psychiatrischen Standardwerk „Lehrbuch der Psychiatrie" (1. Auflage 1916) von Eugen und Manfred Bleuler wird die Daseinsanalyse erst in einer der späteren Auflagen (1983) erwähnt. Sie wird hier dem Kapitel „Zur Stellung der Psychoanalyse und psychoanalytischer Verfahren in der Psychiatrie" zugeordnet.

---

[167] Aktuelle Ausführungen zur Problematikder psychotherapeutischen Wirksamkeitsforschung sind in der 2. Aufl. von Condraus Werk „Daseinsanalyse" (1998), S. 199–215 zu finden.

„Vor allem in den 40er Jahren entwickelte sich die Daseinsanalyse (E. Minkowski, L. Binswanger, M. Boss u.a.). Sie geht wie die Freudsche Analyse vom ‚freien Assoziieren' aus, aber sie strebt nach einer anderen Art der Deutung dessen, was der Patient aussagt und was von ihm persönlich ausstrahlt. In der Daseinsanalyse wird kaum mehr danach gefragt, ob eine Traumvorstellung, ein Symbol eines Penis oder einer gefürchteten Kastration wäre, vielmehr wird versucht, aus den Aussagen des Kranken ein Bild zu erarbeiten, in was für einer Welt er innerlich lebt, ob z.B. wie ein Manischer in einer weiten, hellen, farbigen Welt oder wie ein Depressiver in einer verengten, düsteren Welt. (...)"[168]

Über die Psychiatrie bzw. Psychosomatik hinaus bekannt dagegen ist die *Traumauslegung* von Medard Boss. Ihre Erwähnung in dem 1992 erschienenen Buch von Christoph Morgenthaler „Der religiöse Traum – Erfahrung und Deutung"[169] sei exemplarisch genannt. Es stellt sich hier folglich die Frage, ob die Geisteswissenschaft für das Werk von Boss empfänglicher war als die von naturwissenschaftlichem Denken geprägte Medizin.

Wenn man bedenkt, daß Medard Boss eine umfassende Revolution des ärztlichen Denkens im Auge hatte, und wenn man sich zusätzlich vergegenwärtigt, mit welchen einflußreichen Psychiatern Boss in regem Austausch gestanden hat, bzw. welche bedeutenden Lehrer seinen Weg begleiteten, drängt sich die Frage auf, warum die Daseinsanalyse heute keine bedeutendere Rolle spielt.

Einen Anhaltspunkt dafür, warum sich überhaupt phänomenologisches Denken in der Medizin nicht durchgesetzt hat, liefert Baron mit der Aussage, daß die Anziehungskraft des traditionellen positivistischen Denkens in der Medizin für die Ärzte darin liege, daß es Präzision und Zuverlässigkeit und somit eine solide Basis im Gegensatz zu spekulativ-magischen Ansätzen, die diesem Denken geschichtlich vorausgegangen seien, biete. Allem, was davon abweicht, werde mit Ablehnung und Angst begegnet.[170]

---

168 Bleuler, M. ^{15}1983, S.161
169 Morgenthaler 1992
170 Baron 1992, S. 41f

Kulenkampff sieht eine Entwicklung der Psychiatrie in Richtung einer sozialen Psychiatrie einerseits, die ihren Blick mehr auf die konkrete Lebenssituation und die psycho-sozialen Hintergründe einer psychiatrischen Erkrankung richtet, und die Ausrichtung auf eine naturwissenschaftliche, sog. biologische Psychiatrie andererseits. Diese Entwicklung hat der Daseinsanalyse den Boden entzogen, obwohl sie es war, die gemeinsam mit den anthropologischen Psychiatrierichtungen den Weg für die soziale Ausrichtung bereitet hatte.[171]

Craig sucht ebenfalls nach Gründen für die Zögerlichkeit, mit der die Daseinsanalyse in den psychiatrischen Kreisen aufgenommen wurde. Er ist der Meinung, daß Boss den jungen Psychotherapeuten zu wenig explizite technische Empfehlungen an die Hand gegeben habe. Er vermißt konkrete Hinweise, z.B. wie mit solchen Phänomenen wie dem des „Widerstands" umzugehen sei. Boss habe eher zu der Ansicht geneigt, daß es auf das richtige Gespür ankäme.

„He was prone to suggesting, for example, that clinical work becomes a „holiday" if only one thinks correctly (i.e. daseinsanalytically) and that, when it comes down to the details of clinical decision making, one needs to feel ones's way ‚with one's fingertips.' This may, in fact, be fair advice for truly seasoned clinicians, but it offers little guidance for future generations of prospective existential therapists who, starting out, must rely on the mastery of sound, clearly articulated technique."[172]

Nach Craigs Auffassung jedoch braucht ein Psychotherapeut ähnlich einem Künstler, der auch erst die Pflicht beherrschen müsse, bevor er zur Kür übergehen könne, diszipliniertes Einüben der Methodik. Wie aber genau diese Methodik in der Daseinsanalyse aussehen könnte, meint Craig, sei noch herauszuarbeiten.

Einen weiteren Grund für die mangelnde Durchsetzung sieht Craig in der Tatsache, daß wenig Freiraum für „frischen Dialog" vorhanden gewesen sei, da sich die Gründung der Daseinsanalyse auf Abgrenzungen gegen alte,

---

[171] Gespräch mit Kulenkampff am 13.4.1996
[172] Craig 1993, S. 265

unreife Formen der Psychoanalyse gestützt habe. Außerdem führt er an, daß auch die Heideggersche Terminologie, insbesondere in englischer Übertragung, Schwierigkeiten und Widerstände hervorgerufen habe.

Schließlich seien es auch die oft „angriffsfreudigen" Formulierungen von Boss gegen die Psychoanalyse, die Anstoß erregt haben könnten. Diese Formulierungen waren aus der Verteidigungshaltung entstanden, in die Boss dadurch geraten war, daß er sowohl von Psychoanalytikern als auch von Kollegen, die nicht in der Psychiatrie tätig waren, angegriffen wurde.

„Both groups often assailed Boss, if not for his phenomenological discourse or praxis, then for his humanistic ethos. Such a professional milieu or existential circumstance does not lend itself to a placid response, at least not from Boss. Nevertheless, perhaps Boss's often contentious defense of the essentially gentle ways of daseinsanalysis cost him the wider following his work genuinely deserved. It is difficult to miss the irony of this since Boss was not only a remarkably gentle man but also very concerned about future of psychoanalysis, psychotherapy and medicine."[173]

Diese Problematik näher zu untersuchen, muß weiterer Forschung vorbehalten bleiben.

Die Gedanken von Boss zur Daseinsanalyse wurden zu allen Zeiten heftig diskutiert. Es fanden sich sowohl begeisterte Anhänger als auch scharfe Kritiker. In seiner Habilitationsschrift (1947) hatte Boss sich sowohl von der Psychoanalyse Freuds und Jungs als auch von der anthropologischen Psychiatrie und deren Hauptvertreter Viktor Emil von Gebsattel (1883–1976) kritisch distanziert.[174] Boss' Vorwurf zielte bei der Psychoanalyse in Richtung ihrer naturwissenschaftlichen Betrachtungsweise, die nicht menschengemäß sei; der anthropologischen Psychiatrie warf er vor, sie hänge zu sehr am Menschen als Subjekt und käme somit ebensowenig wie die naturwissenschaftliche Auffassung um eine Subjekt-Objekt-Spaltung herum. Im Gegenzug wurde Boss der Vorwurf der Unwissenschaftlichkeit und des

---

173 Craig 1993, S. 273f
174 Sigmund Freud war zum Zeitpunkt dieser Habilitation bereits verstorben, Jung nahm zu der von Boss geäußerten Kritik nie öffentlich Stellung.

Unterwerfens unter eine philosophische Richtung und ihr Vokabular gemacht.

Die damalige Diskussion legt Condrau ausführlich in seinem Buch „Die Daseinsanalyse von Medard Boss und ihre Bedeutung für die Psychiatrie" aus dem Jahr 1965 dar. Er untersucht die Vorwürfe, die an die Daseinsanalyse von Boss gerichtet waren, und widerlegt sie. Bei den Vorwürfen handelt es sich besonders um Kritik an Boss' Auffassung sexueller Perversionen.

Eine Diskussion aus den fünfziger Jahren, bei der es ebenfalls um dieses Thema geht, sei an dieser Stelle erwähnt. Sie wurde in der Zeitschrift „Psyche" ausgetragen. Es ging um ein von Boss gehaltenes Referat[175] über die Kastration bzw. Geschlechtsumwandlung eines transsexuellen Mannes. Dieser Mann hatte bereits in seiner Kindheit gerne die Mädchenrolle gespielt und litt so sehr unter seiner männlichen Rolle in der geschlechtlichen Beziehung und Gesellschaft, daß er drohte, sich selbst zu verstümmeln oder das Leben zu nehmen. Nachdem eine 50stündige Daseinsanalyse keinen Erfolg gebracht hatte, befürwortete Boss eine Geschlechtsumwandlung, die daraufhin auch durchgeführt wurde. Laut Fallbericht von Boss kam der Patient nach der Operation zu einer echten inneren Ruhe und blieb seiner Familie als Familienvater erhalten. Mitscherlichs Bericht über diesen in Badenweiler gehaltenen Vortrag von Boss enthält heftige Kritik an dem so mechanistisch anmutenden Vorgehen von Boss. Mitscherlich wirft Boss vor, das eigene Verständnis des Krankheitsphänomens mit der vollen, aspektreichen Wirklichkeit dieses Phänomens zu verwechseln.

„War sich der Referent klar darüber, daß er mit seiner Handlung eine Therapie vertritt, die durch Verstümmelung zu heilen wähnt? (...) Wenn diese pragmatische Kälte von der materialistisch-funktionalistischen Grundposition der naturwissenschaftlichen Medizin her verständlich erscheinen kann, so doch kaum von der eines psycho-somatisch denkenden Therapeuten."[176]

---

[175] Mitscherlich 1950, S. 229ff
[176] Mitscherlich 1950, S. 231

Diesen Vorwürfen Mitscherlichs folgt in einer späteren Ausgabe der Zeitschrift eine Erwiderung von Boss, in der er seine Therapie verteidigt.[177] In zwei weiteren Folgen der Zeitschrift ruft Mitscherlich daraufhin zu einer Meinungsumfrage über Boss' Vorgehen auf Es antworten die angefragten namhaften Wissenschaftler wie Gustav Bally, Ludwig Binswanger, Manfred Bleuler, Carl Gustav Jung, Max Müller, Harald Schultz-Hencke, Viktor von Weizsäcker u.a. in den nächsten Ausgaben der Zeitschrift und setzen sich aus ihren eigenen, unterschiedlichen Gesichtspunkten mit dem Thema auseinander. Binswanger beispielsweise bedauert, daß das Mißverständnis aufkommen konnte, die Operation habe etwas mit der Daseinsanalyse zu tun.

„Die Daseinsanalyse ist eine Methode, bei der Arzt und Patient nicht mehr wie Objekt und Subjekt einander gegenüberstehen, sondern sich auf einem gemeinsamen Boden befinden, dem Boden nämlich eines Zwiegesprächs über die Struktur des menschlichen Daseins. Schon daraus geht hervor, daß die Daseinsanalyse von sich aus niemals zu praktischen Maßnahmen führen kann."[178]

Jung antwortet, daß Boss mit seinem Vorgehen, die ärztliche Standesethik gereizt habe. Er ist der Meinung, „Dr. Boss hätte daher besser daran getan, über diese peinliche Angelegenheit dezent zu schweigen (...)."[179]

Vierzig Jahre später beklagt Condrau eine Zerstörung der Reputation der Daseinsanalyse. Diese sieht er durch den Riß begründet, der durch die Diskussion um das Mißverständnis in Binswangers Rezeption der Heidggerschen Philosophie entstanden war.[180] Diese Diskussion wurde im Kapitel „Grundzüge der Daseinsanalyse" beschrieben.[181] Auch Boss wurde in die Nähe eines Mißverständnisses der Heideggerschen Daseinsanalyse gerückt. So kommentiert z.B. Vetter den Satz von Boss über „die Grundverfassung des gesunden und ungestörten menschlichen Existierens" mit dem Hinweis,

---

177 Boss 1950, S. 394ff
178 Binswanger 1950, S. 456
179 Jung 1950, S. 465
180 Condrau 1992, S. 5
181 Boss folgte Heidegger in der Ablehnung von Binswangers psychiatrischer Daseinsanalyse und erkannte diesem lediglich den Verdienst zu, Heideggers Denken für die Psychiatrie entdeckt zu haben.

daß diese „Ungestörtheit" problematisch sei. Er fragt darüber hinaus: „Hat sich denn nicht auch für ihn als sorgfältigen Leser Heideggers gezeigt, dass Gesundheit des Geistes stets einer Gefahr abzuringen ist und Ungestörtheit eher Ungeist verrät?"[182] Damit will Vetter das Problem eines normativen Verhaltensmusters für ein freies Lebenkönnen der eigenen Möglichkeiten des Menschen aufzeigen.

In die gleiche Richtung führt auch die Kritik von Lowe, denn auch für ihn hat Boss das Existential der „Offenständigkeit unseres Existierens" von einem rein deskriptiven Charakteristikum bei Heidegger umgewandelt in ein normatives „volles und eigentliches offenständig-und-frei-sein-*Sollen*," das dann psychische Gesundheit, bzw. eine erfolgreiche daseinsanalytische Therapie darstelle.

Pacheco wirft die Frage auf, inwiefern sich Heideggers Fundamentalontologie überhaupt als Paradigma für eine Wissenschaft eignet.[183] Auch v. Engelhardt weist auf die Schwierigkeit der Rezeption Heideggers wie auch anderer Philosophen in der Medizin und Psychiatrie und auf die stets vorhandene Gefahr des Mißverständnisses als Anthropologie hin.[184]

Jaspers vertritt die Ansicht, daß die Ontologie des Daseins höchstens den Wert einer jeweiligen Konstruktion für einzelne verständliche Zusammenhänge haben kann, nicht aber den einer psychologischen Strukturlehre des Menschen, die das gesamte psychopathologische Wissen aufnehmen, durchleuchten und ordnen könnte. Daseinsanalytische Autoren hätten zwar wesentliche Inhalte der Philosophie aufgegriffen, diese jedoch objektiviert dargestellt. Dadurch gehe die Philosophie verloren.

„Mir scheint manchmal ein kurzatmiges Theologisieren und Philosophieren zu geschehen, das sich in einem vermeintlich Erkannten mißversteht. Was ich dabei vermisse, ist der Mangel an entschiedenem Reagieren auf die Gedanken und Methoden, welche das Menschsein philosophisch verdecken,

---

182 Vetter 1993, S. 77
183 Pacheco 1988/89 (ersch. 1993), S. 7
184 v. Engelhardt 1982, S. 9

es zerstören, ja ausschließen, kurz auf den ‚Teufel' in der Psychologie."[185]

In ähnlichem Sinne äußert auch Rattner Skepsis, wenn er sagt, daß die Synthese der Daseinsanalyse und der Fundamentalontologie Heideggers nicht ohne einige intellektuelle Gewaltsamkeiten auskomme.[186] Ihm wäre jedoch zu entgegnen, daß der Begriff „Synthese" für das Verhältnis Daseinsanalyse – Fundamentalontologie Heideggers zu kurz greift. Rattner bemängelt, daß die Daseinsanalyse bisher noch keine Kinderpsychologie und Erziehungslehre formuliert habe, die entscheidend zur Krankheitsprophylaxe beitragen könnten.

Craig beklagt die Tatsache, daß Boss' Einstellung zur Psychoanalyse sich historisch bedingt nur auf die engen, orthodoxen und stereotypen Formulierungen bezogen habe, die für die erste Hälfte dieses Jahrhunderts charakteristisch gewesen seien, jedoch in den fünfziger Jahren eine Vertiefung und entscheidende Weiterentwicklung erfahren hätten, die wiederum von Boss nicht berücksichtigt worden sei. Boothbys verfolgt diesen Gedanken noch konkreter, indem er die Ablehnung des Freudschen Unbewußten durch Boss als Versimplifizierung und Übersehen von entscheidenden psychotherapeutischen Tatsachen aufzeigt. Er ist der Ansicht, daß Boss an den zentralen Intentionen Freuds vorbeigehe, indem er seine Kritik nur einseitig auf den „mechanistischen Konstrukt des Unbewußten-Apparates" richte.

„The real motivation of Freud's theory is not, as Boss contends, to render human beings thinkable in natural scientific terms and thus manipulable by a psychological technology. Paradoxically, the function of Freud's mechanistic theory, far from being an attempt to regard human beings as machines, was to highlight a distinctively human problem."[187]

Damit meint Boothby das Problem, daß es Vorgänge und Widerstände in der Psyche gibt, die dem menschlichen Willen und Bewußtsein unzugänglich

---

185 Jaspers ^{9}1973, S. 649
186 Rattner 1993, S. 33
187 Boothby 1993, S. 147

sind und nur unter großer Mühe und der Berücksichtigung ihrer eigenen „Sprache" und Gesetzmäßigkeiten zugänglich werden.

Während Boss also davon ausgeht, daß Widerstände sich auflösen und Verdrängungen ans Licht kommen, wenn sich Offenheit in einer Atmosphäre des Vertrauens und zwischenmenschlicher Akzeptanz mit der Zeit entwickeln kann, sieht Boothby bei Freud eine weniger optimistische Haltung, die er für wirklichkeitsnäher hält. Für Freud ließ gerade die Erfahrung, die er mit den sich eben nicht in Bewußtseinsklarheit auflösenden Widerständen machte, die nähere, teils tatsächlich mechanistisch beschriebene Untersuchung des Unbewußten notwendig werden.

„By contrast, Freud's great case histories as well as his writings on technique testify to the stubbornness of resistances encountered along the path to the cure. Though Freud admits that transference is a kind of love and emphasizes the role of the patient's trust in the analyst, he over and over again demonstrates the inadequacy of trust alone and insists that transference love ist not enough."[188]

Boothby sieht dagegen eine fruchtbare Umsetzung des Denkens Heideggers in der Lacan'schen Sprachforschung des Unbewußten.

„We might ask, for example, would a reframing of the unconscious in Boss's work in more specifically linguistic terms render that work less Heideggerian? Not at all. Not, that is, if we assume that Heidegger's appeal to poetics must finally be capable of being worked out in a concrete analysis."[189]

Die Auseinandersetzung mit dieser offensichtlichen Diskrepanz zwischen „bewußt klar Erkanntem und dessen Umsetzung" fehlt für Lowe bei Boss:

„Missing here is a whole tragic separation of recognition from resolution."[190]

---

188 Boothby 1993, S. 150
189 Boothby 1993, S. 158
190 Lowe 1977, S. 50

Auch Downing vertritt die Meinung, daß Boss Freud *überwörtlich* nehme und neben der positivistischen Seite nichts von den anderen Facetten der Freudschen Lehre beachte. Freud habe mehr den Wert von Metaphern geschätzt, da diese der Sprache des Unbewußten näher kämen. Mit der Ablehnung des Unbewußten vernachlässige Boss Freuds erschütternde Erkenntnis, daß wir „nicht Herr im eigenen Haus sind."

„His tendency (...) to focus on Heidegger's analysis of Dasein in *Sein und Zeit*, rather than on his later meditations on how poetically man dwells on earth, points in the same directions: the call to being is interpreted moralistically rather than as meaning a respectful sharing of what is."[191]

Für Balthasar Staehelin (geb. 1923) traten, nachdem er acht Jahre eine Lehranalyse bei Boss absolviert hatte, religiöse Aspekte der Psychotherapie zu sehr in den Hintergrund. Die von Boss vertretene Freiheit erlebte er als eine Freiheit von Moral und lehnte sie aufgrund eigener Lebenserfahrungen ab.[192] Die Frage nach dem Wesen von Angst als einer häufigen Quelle psychischer Erkrankungen in der Gegenwart führt Staehelin zum Wesen von Urvertrauen. Dieses Urvertrauen bedeutet für ihn Gottvertrauen und sei das, was vielen „psychosomatischen Patienten" unseres Jahrhunderts mangele.

„Dort nun, wo diese Vertrauensfähigkeit aus angeborenen oder neurotischen oder individuell psychoreaktiven oder kollektiv psychosozialen oder weltanschaulichen Gründen zu brüchig, zu unsicher, zu haltlos, basislos ist und wird, dort kann sich diese Grundstimmungsstörung in einem der vielen psychovegetativen Beschwerdebilder zeigen."[193]

Dieses Vertrauen soll in seiner „psychosomatischen Basistherapie" gelernt und erfahren werden; einer Therapie, die er auch als „Pneumatherapie" bezeichnet, da es sich um den Geist Gottes handle, der dieses Vertrauen vermitteln könne. Auch nach Staehelin ist es nicht irgendeine bestimmte psychotherapeutische Schule, von der Heilung erwartet werden kann, die Heilung liege vielmehr in der Arzt-Patienten-Begegnung selbst.

---

191 Downing 1977, S. 89
192 Gespräch mit Staehelin am 26.04.1998
193 Staehelin 1992, S. 23

„Das hier entscheidend Helfende ist die Repetition von immer neuen Vertrauensbegegnungen zwischen Erkranktem und Psychotherapeuten. Dabei ist die theoretische Schulausrichtung des Psychotherapeuten nicht das Wesentliche. Das Hilfreichste an der Psychotherapie ist die sich immer von neuem wiederholende Vertrauensbegegnung zwischen zwei Menschen, selbst wenn die bewußte Schulmeinung des Psychotherapeuten – was heute noch das Übliche ist – eine atheistische, eine aufgeklärte, eine den nur *menschlichen* Willen, die nur *menschliche* Vernunft, nur des *Menschen* Freiheit und nur des *Menschen* Wunsch als höchste und letzte Instanz anerkennende ist."[194]

Hier begegnen wir also einer Auffassung, die größere Wichtigkeit einer Erfahrung, dem *Erleben* des Patienten in der Therapie zumißt, als einem theoretischen Gedankengebäude. Das Erleben des Patienten soll vielmehr tief mit der menschlichen Grundhaltung des Therapeuten verknüpft sein. Betrachtet man unter diesem Gesichtspunkt das Werk und Leben von Medard Boss, so findet man in seinen Schriften und in den Zeugnissen seiner Umwelt eine geradezu erstaunliche Haltung, die von der Liebe und Akzeptanz seiner Mitmenschen und Patienten geprägt ist. Denn hinter aller Forschung und Beschäftigung mit philosophischen Gedanken steht bei Boss die Sorge um und für den kranken Mitmenschen, die, ohne von ihm explizit so genannt zu werden, als eine Haltung der Nächstenliebe bezeichnet werden kann.

„Wird denn nicht jeder Arzt, was immer er tut, vom Kranken als ein für ihn Sorgender erfahren? Und ist die Erfahrung jedweder Fürsorge nicht immer auch Seelsorge? (...) Jedenfalls darf sich heute kein Arzt mehr unter einer unzureichenden Berufung auf eine verabsolutierte Wissenschaft als ein blosser Mechaniker verstehen, der nur Körpermaschinen oder psychische Apparaturen zu reparieren hätte. Immer bewußter sollte vielmehr das gesamte ärztliche Denken und Handeln, von den einfachsten technisch-chirurgischen Handgriffen und Eingriffen bis zur Technik der Psychoanalyse, von dem Bestreben getragen sein, unseren Kranken den Weg zu ihrem vollen Menschsein zu bahnen."[195]

---

194 Staehelin 1992, S. 24f
195 Boss 1954, S. 212f

In diesen Worten findet sich eine Haltung, der durchaus ein heilsamer Effekt zugeschrieben werden darf, insbesondere im Hinblick darauf, daß psychische Erkrankungen oft gerade dort auf fruchtbaren Boden fallen, wo der Mensch lebenslang keine Akzeptanz in seinem Umfeld gefunden hat. Diese therapeutisch wirksame Grundhaltung steht jedoch keineswegs im Widerspruch zu den philosophischen Hintergründen der Daseinsanalyse. Im Gegenteil, sie entspricht der daseinsanalytischen Offenheit und Unvoreingenommenheit gegenüber den menschlichen Phänomenen und dem Phänomen Mensch.

Die Wichtigkeit einer angemessenen ärztlichen Haltung hat auch der Lübecker Psychosomatiker Feiereis im Auge, wenn er sagt, daß die emotionale averbale Zuwendung und Form und Melodie des gesprochenen Wortes durch keine noch so perfektionierte psychotherapeutische Technik ersetzt werden könne.[196] Die ArztPatienten-Beziehung stelle die barmherzige Beziehung zweier Individuen dar, die sich als Subjekt-Subjekt und nicht als Subjekt-Objekt verstehen. Diese Gedanken führen in die Nähe von Viktor von Weizsäcker und die von ihm vertretene Orientierung am Menschen als Subjekt in der Medizin.

Neben dem theoretischen Ansatz wird in der Rezeption auch die therapeutische Praxis beachtet. Trenkel hebt hier die Orientierung am konkreten Phänomen hervor:

„Vielleicht liegt die wesentliche Wirkung von Boss weniger dort, wo sich der ‚hermeneutisch-phänomenologische Zugang in die Grundverfassung des Menschseins' selbst wieder in die Nähe einer lehr- und lernbaren Schuldoktrin emporentwickelt hat, sondern vielmehr dort, wo er wirklich bei den sich zeigenden Phänomenen bleibt und jede Art von theoretischer Auslegung

---

[196] Feiereis 1980, S. 199. In diesem Zusammenhang zitiert Feiereis William Osler wie folgt: „Die ärztliche Praxis ist eine Kunst, kein Handelsgeschäft, eine Berufung, kein Laden; eine Art Erwählung, die das Herz ebenso wie den Kopf erfordert. Oftmals hat der bessere Teil seiner Arbeit nichts mit Tinkturen und Pulvern zu tun, aber umso mehr mit der Ausübung des Einflusses des Starken auf den Schwachen, des Gerechten auf den Übeltäter, des Weisen auf den Narren. Zu Dir, als dem Berater der Familie, wird der Vater mit seinen Besorgnissen kommen, die Mutter mit ihrem geheimen Kummer, die Tochter mit ihren Zweifeln und der Sohn mit seinen Dummheiten. Ein volles Drittel Deiner Tätigkeit würdest Du in ganz anderen Büchern beschrieben finden als in Deinen medizinischen Bänden (...)."

unterläuft. Dieser Ort ist die Praxis, denn nur in ihr kann das unmittelbare Sehen, Hören und Wahrnehmen wirklich als das ursprüngliche Fundament aller Therapie wie auch jeder theoretischen Konzeptualisierung erfahren werden. So dürfte das entscheidende Werk von Medard Boss dort am meisten blühen und Früchte bringen, wo die zahllosen Ärzte und Therapeuten, die mit seinem unermüdlichen Wegbereiten in Kontakt gekommen sind, in ihrer eigenen Praxis und mit eignenen Augen ‚Sehübungen' im Sinne des phänomenologischen Menschenverständnisses wagten."[197]

Zusätzlich zeigt Trenkel die Gefahr auf, daß auch daseinsanalytisch gewonnenes Wissen nicht davor bewahrt ist, als Vorstellung (cogitatio) zum gesammelten Bestand unserer Gelehrsamkeit geschlagen zu werden. Es gehe aber beim Praktiker nicht darum, Boss' Theorie als eine unter anderen Theorien kennenzulernen, sondern um eine grundlegende Erfahrungsmöglichkeit, eine Art ungegenständliches Innewerden. In der Gegenwart finden sich verschiedene Veröffentlichungen, in denen die Daseinsanalyse rezipiert und mit den existentiellen Psychotherapierichtungen und der anthropologischen Schule in Verbindung gebracht wird. So setzt z.B. Gulbrandsen in einem Artikel von 1990 mit dem Titel „Eksistensiell psykoterapi" beide „Schulen" in einen Zusammenhang. Wenn er in seiner Einleitung schreibt, das Zentrale der existentiellen Therapie sei das zwischenmenschliche Treffen zwischen Therapeut und Patient, das Treffen des Patienten als Mitmenschen und die Bindung in ein „wir", so ist das sicherlich von Boss in ähnlicher Weise praktiziert, wenn auch nicht ausdrücklich theoretisch im Rahmen der Daseinsanalyse entfaltet worden. Die Bemerkung dagegen, daß die neuere Psychotherapieforschung erwiesen hat, daß weder therapeutische Techniken noch Theorien Effektivität garantieren, wäre sicher auch im Sinne von Boss' Daseinsanalyse.[198] Eine weitere Verbindung besteht darin, daß beide Richtungen in der Deutschen Gesellschaft für anthropologische und daseinsanalytische Medizin, Psychologie und Psychotherapie zusammengefaßt sind.

---

197 Trenkel 1991, S. 26
198 Gulbrandsen 1990, S. 747

Condrau macht auf eine noch „gröbere" Zusammenfassung von Weltanschauungen unter den Herausgebern einer Zeitschrift aufmerksam: in der „Review of Existential Psychology and Psychiatry" gehörten neben Boss auch Buytendijk, Frankl, Laing, Lopez-Ibor, Rogers, Straus, Tillich und Whitaker zum Editorial Board.[199] Dazu muß m.E. angemerkt werden, daß der Grund zu solchem Vorgehen wohl hauptsächlich in der Tatsache liegt, daß sowohl die anthropologische Psychiatrie, als auch die Daseinsanalyse nach Boss die naturwissenschaftliche Objektivierung der menschlichen „Psyche" ablehnt. Eine gemeinsame philosophische Grundlage dieser Psychotherapie-Richtungen läßt sich jedoch nicht konstruieren.

Allgemeine Aspekte der anthropologischen Psychiatrie und ihrem Stand der Forschung bietet ein neuerer Artikel von Schmidt-Degenhardt (1997), wobei in der Methodik die Daseinsanalyse die Rolle eines hermeneutischen Zugangs zur inneren Welt des Patienten spielen soll. Auffällig ist hier, daß Boss an keiner Stelle dieses Artikels zitiert wird, sondern im Zusammenhang mit der Daseinsanalyse lediglich der Name Binswanger fällt.[200]

Ohne Zweifel ergeben sich in dieser Hinsicht aber auch noch viele Aufgaben für die zukünftige Forschung, zu denen auch ein Ländervergleich gehören würde.

---

[199] Condrau 1989, S. 17
[200] Schmidt-Degenhardt 1997, S. 477

VI Diskussion der Ergebnisse

Nachdem sich im Zuge der Aufklärung in den letzten Jahrhunderten Philosophie und Medizin auseinanderentwickelt hatten, ist es im 20. Jahrhundert zu Bestrebungen gekommen, die beiden Disziplinen wieder miteinander in Verbindung zu bringen. Es wurde aus verschiedenen Richtungen ein neuer Dialog gesucht.[201]

Aus der Richtung der Psychiatrie verband der Züricher Psychiater Medard Boss die Psychotherapie mit der Philosophie Martin Heideggers. Daseinsanalyse nannte er die psychotherapeutische Ausgestaltung dieses Dialoges. Sie stellt ein umfassendes Werk dar, das neue gedankliche Ansätze insbesondere zur Psychopathologie und zur Traumdeutung enthält.

Zu Beginn seiner ärztlichen Tätigkeit zunächst fasziniert von der Psychoanalyse Sigmund Freuds, stieß Boss bald auf deren Grenzen in seiner psychiatrischen Praxistätigkeit. Auch der daraufhin eingeschlagene Weg gemeinsam mit Carl Gustav Jung ließ Boss eine menschengemäße erkenntnistheoretische Grundlage für das therapeutische Handeln vermissen. Erst in der Beschäftigung mit der Philosophie Heideggers fand Boss den Boden, der ihm für die Psychotherapie, ja für das menschliche Dasein überhaupt, fruchtbar erschien. Dabei ging es Boss nicht um eine neue psychotherapeutische „Technik," sondern um eine erfahrbare Grundhaltung.

Der philosophische Hintergrund für die Einübung des „phänomenologischen Auges" konnte durch Heidegger selbst den interessierten Ärzten und Studenten in den sogenannten Zollikoner Seminaren vermittelt werden, die in Boss' Privathaus in Zürich-Zollikon stattfanden. Der Unterschied zu den daseinsanalytischen Reflexionen Ludwig Binswangers, der ebenfalls die Philosophie Heideggers für die Psychiatrie herangezogen hatte, lag in dem

---

201 Eine ausführliche Abhandlung über die vielfältigen Beziehungen zwischen Philosophie und Medizin in diesem Jahrhundert ist bei v. Engelhardt und Schipperges in der 1980 erschienenen Schrift „Die inneren Verbindungen zwischen Philosophie und Medizin im 20. Jahrhundert" zu finden.

intensiven und freundschaftlichen Dialog in geistiger Verbundenheit zwischen Boss und Heidegger, der die uneingeschränkte Anerkennung der Daseinsanalyse nach Boss durch den Philosophen gewährleistete. Dies gilt insbesondere für Boss' Hauptwerk „Grundriss der Medizin und Psychologie" aus dem Jahr 1975. Die geistige Freundschaft zwischen dem Philosophen und dem Mediziner wurde in dieser Arbeit vor allem anhand der Gespräche und Briefe, die in den „Zollikoner Seminaren" (1987) abgedruckt sind, untersucht.

Für weitere Forschung könnte es von Interesse sein, die genaueren Beweggründe Heideggers herauszuarbeiten, die ihn dazu veranlaßten, über mehr als zehn Jahre hinweg intensiv mit einem Psychiater zusammenzuarbeiten und den Brückenschlag zwischen Philosophie und Naturwissenschaft zu versuchen.

Ausführlich konnte die Traumdeutung bearbeitet werden, die Boss der Freudschen Traumentschlüsselung als „Traumauslegung" gegenüberstellt. Sie bedient sich einer phänomenologischen Vorgehensweise. Der wichtigste Unterschied liegt in der Ablehnung von Freuds Annahme, innerseelische Triebkräfte und Mechanismen würden in einer komplexen Symbolik verschlüsselt als Traumgegebenheiten auftreten. Distanz besteht auch zu Jungs archetypischer Traumlehre. Boss fordert viel mehr eine Orientierung an den Traumphänomenen selbst und versucht, wesenhaft ihren Sinngehalt herauszufinden. Dabei ist der Blick auf die den Träumenden beherrschende Stimmung und die Frage nach im Traum eingeschränkten Verhaltensmöglichkeiten von besonderer Bedeutung.

Boss entwickelte eine Psychopathologie, die dem menschlichen Dasein gerecht werden sollte. Er stellte den kausalen naturwissenschaftlichen Ansätzen ein umfassendes phänomenologisches Denken gegenüber. Die Grundzüge dieses phänomenologischen Denkens sowie die Unterschiede zur naturwissenschaftlichen Betrachtungsweise konnten herausgearbeitet werden. Sowohl die der Daseinsanalyse zugrundeliegende Philosophie als auch die von zwischenmenschlicher Anteilnahme und Fürsorge gekennzeichnete therapeutische Haltung machen eine einseitige „Reparaturmentalität" unmöglich. Nach Boss' Auffassung soll nicht nur das einzelne Organ repariert, sondern dem ganzen Menschen zu seiner ganz individuellen Entfaltung verholfen werden. Die Grundfrage, mit der er die Erkrankung eines Patienten betrachtet, bezieht sich auf die Art, wie ein Mensch in der freien Verfügung über seine Verhaltensmöglichkeiten beeinträchtigt ist. Diese Verhaltensmöglichkeiten unterliegen nach Boss in Anlehnung an Heidegger den menschlichen Grundgegebenheiten des Leiblichseins, des Seins in Raum und Zeit, des Gestimmtseins, des Miteinanderseins und des Offenseins. Diese menschlichen Grundgegebenheiten selbst sind, da dem festen philosophischen Rahmen Heideggers entnommen, keiner weiteren Forschung zugänglich.

Was für die zukünftige Forschung lohnend wäre, ist die Untersuchung und Diagnosestellung weiterer Erkrankungen nach der Methode der daseinsanalytischen Psychopathologie, bereichert um das heutige Wissen der modernen naturwissenschaftlichen Medizin. Man könnte beispielsweise die Betrachtung der Krebserkrankungen unter daseinsanalytischen Gesichtspunkten vertiefen. Da bei vielen Malignomen zur Zeit eine multifaktorielle Genese zur Diskussion steht, die unter anderem auch psychische Gesichtspunkte beinhaltet, könnte die Daseinsanalyse hier zusätzliche Perspektiven eröffnen.

Boss' Habilitation über den Sinn und Gehalt von sexuellen Perversionen warf ein neues Licht auf diese Problematik. So konnte Boss zum ersten Mal aufzeigen, wie verschiedene perverse Verhaltensweisen eine *verkümmerte* Ausdrucksform von *Liebe* sein können. Nicht Triebe und Verdrängungen sollen den Perversionen zugrundeliegen, sondern die Einschränkung des Weltbezuges des „sich liebend mit einem anderen Menschen vereinigen Könnens." Diese Einschränkung gälte es, bewußt werden zu lassen und den Patienten zu freieren, liebenden Verhaltensmöglichkeiten zu führen. Anhand der überarbeiteten Habilitationsschrift konnten die wesentlichen Merkmale und die Behandlungsgrundlagen der Perversionen durch Boss aufgezeigt werden. Ein Feld für zukünftige Studien eröffnet sich durch die Bearbeitung der inhaltlichen Entwicklung der verschiedenen Auflagen dieser Habilitationsschrift, anhand derer sich das allmähliche Hineinfließen der Philosophie Heideggers in die Formulierungen von Boss aufzeigen ließe.

Einen entscheidenden Einfluß auf die heutige psychotherapeutische Praxis und Lehre hat die Daseinsanalyse nicht gewonnen. Ursächlich hierfür kommt die Tatsache in Betracht, daß es Boss nie daran gelegen war, eine psychotherapeutische „Schule" ins Leben zu rufen. Die bestehenden Schulen und Psychotherapierichtungen lieferten sich erbitterte Vorherrschaftskämpfe. In diesen Kämpfen scheinen sich heute mehr und mehr die biologische Psychiatrie und die verhaltenstherapeutischen Schulen durchzusetzen.

Ein weiterer Grund für die Unpopularität einer psychotherapeutischen Richtung, die mit Heidegger in Verbindung gebracht werden muß, liegt in der Anschuldigung der Nazianhängerschaft Heideggers während des zweiten Weltkrieges. Aufgrund dieser Anschuldigung fand der Philosoph in Deutschland zunächst keine größere wissenschaftliche Beachtung. In den letzten Jahren ist jedoch eine vermehrte Beschäftigung mit Heidegger und seinem Leben zu verzeichnen.[202] Dieser Impuls könnte auch in der modernen Psychotherapie aufgegriffen werden.

Vieles, was sich in Boss' Werk aus der damals heftig geführten Diskussion um Freuds Psychoanalyse und ihr „Erbe" ergab und Abgrenzungen nötig machte, könnte heute unter neuen Gesichtspunkten betrachtet werden.

Der daseinsanalytische Themenbereich könnte um Schwerpunkte unserer heutigen Zeit ergänzt werden, wie z.B. die Suchtthematik. Außerdem gilt es, erneut zu bedenken, ob der Versuch fruchtbar sein könnte, daseinsanalytisches Vokabular – respektive aller damit verbundenen inhaltlichen Schwierigkeiten – in eine allgemeinverständliche Sprache zu übersetzen und somit die Daseinsanalyse für einen größeren Personenkreis zugänglich zu machen. [203]

Obwohl sich in der Psychiatrie ebenso wie in vielen anderen medizinischen Bereichen eine biologische, rein naturwissenschaftlich orientierte Strömung durchgesetzt hat, besteht jedoch nach wie vor Reflexionsbedarf über die theoretischen Grundlagen und die Richtung der Entwicklung. Nicht zuletzt die den naturwissenschaftlich-technischen Fortschritten zu verdankende Intensivmedizin mit ihren Möglichkeiten zur Lebensverlängerung wirft bei denen, die täglich mit ihr umgehen, die ethische Frage danach auf, ob alles,

---

202 z.B. Rüdiger Safranski: Ein Meister aus Deutschland (1994)
203 Die Sprache in der Philosophie im allgemeinen und in der Daseinsanalyse im besonderen behandelt Condrau in seinem in zweiter, überarbeiteter Auflage 1998 erschienenen Buch „Daseinsanalyse," das auch gleichzeitig die neue Aktualität dieser Thematik zeigt (Condrau 1998, S. 141 ff).

was technisch machbar ist, auch gemacht werden soll. Wo wären Grenzen des Machbaren zu ziehen? Ein interdisziplinärer Dialog, wie er in den Zollikoner Seminaren gepflegt wurde, zwischen Medizinern und Philosophen und anderen Geisteswissenschaftlern könnte hier fruchtbar sein. Fragen wie die nach der Würde des Menschen, nach seinem Sinn und dem Sinn seiner Erkrankung, des Lebens und Sterbens können allein naturwissenschaftlich nicht beantwortet werden, da die naturwissenschaftliche Betrachtung nicht das *Wesen* einer Realität ins Auge fasst, sondern eine Ursache-Wirkungsbeziehung. Die Realitäten jedoch, die ethische Fragestellungen aufwerfen, lassen sich nicht treffend in einer Ursache-Wirkungsbeziehung ausdrücken. Um bei ethischen Themen einer Vereinseitigung auf diese mechanistische Sichtweise, die neuerdings höchstens noch durch wirtschaftliche Gesichtspunkte ergänzt wird, vorzubeugen, wären Verbindungen zwischen Philosophie und Medizin auch heute sinnvoll.

Die philosophische Strömung der Phänomenologie in der Medizin setzte ihre Aktualität fort in der französischen Phänomenologie mit ihren Vertretern Gabriel Marcel[204] und Maurice Merleau-Ponty.[205]

Im deutschen Sprachraum wäre auf die neue Phänomenologie von Hermann Schmitz[206] hinzuweisen, der diese philosophische Strömung heute für wichtiger denn je hält. Seiner Meinung nach darf nicht der Technik der Vorzug vor der Kontemplation gegeben werden.

Ohne in einen wissenschaftlichen Dilettantismus zu verfallen, scheint es demnach möglich, die naturwissenschaftliche Seite der Medizin durch philosophische Gesichtspunkte zu ergänzen. Im Hinblick auf die immer aktueller werdenden Fragen der Ethik der Medizin erscheint der medizinisch-philosophische Dialog sogar als eine Forderung der Zeit. Auch hier könnte die Besinnung auf die erkenntnistheoretischen Grundlagen der Medizin fruchtbar werden.

---

204 Marcel 1956
205 Merleau-Ponty 1974
206 Schmitz 1980

VII Zusammenfassung

Mehrfach ist es auch im 20. Jahrhundert zu Berührungen zwischen den Gebieten der Medizin und der Philosophie gekommen. Bekannte Beispiele sind Viktor von Weizsäcker, Ludwig Binswanger und Karl Jaspers. Das gegenwärtige Interesse an der Medizinethik hat erneut die Aufmerksamkeit auf diese Verbindung gelenkt. Ein wesentliches, wenngleich weniger beachtetes Beispiel stellt der Mediziner Medard Boss dar, der vor allem unter dem Einfluß der Philosophie Martin Heideggers stand.

Die psychotherapeutische Arbeit von Medard Boss war zunächst durch die Psychoanalyse Sigmund Freuds und später auch durch langjährige Mitarbeit in einem Arbeitskreis von Carl Gustav Jung beeinflußt. Letztlich erschienen ihm jedoch beide Richtungen zu sehr einem naturwissenschaftlichen Denken verhaftet, das Modelle aus der unbelebten Natur[207] auf psychische Vorgänge anzuwenden suchte.

In der Beschäftigung mit der Philosophie Heideggers fand Boss eine Grundlage für sein ärztliches Handeln. Hierbei ward ihm zu einem unschätzbaren Vorteil, daß Heidegger sich ihm in persönlicher Freundschaft verbunden fühlte und selbst an einem Dialog zwischen Philosophie und Psychiatrie interessiert war.

Für das menschliche Wesen sah Boss in Anlehnung an Heidegger bestimmte Charakteristika als konstitutiv an. Diese Charakteristika, zu denen das Leiblichsein, das Sein in Raum und Zeit, das Gestimmtsein, das Miteinandersein und das Offensein gehören, bildeten den Maßstab für eine eigene Psychopathologie.

Einen völlig neuen Zugang stellt, wie in dieser Arbeit gezeigt werden konnte, die auf dieser philosophischen Grundlage entstandene daseinsanalytische

---

207 Boss zielt mit seiner Kritik z.B. auf psychoanalytische Energiemodelle, die in Analogie zu chemischer bzw. physikalischer Energie in der Psychoanalyse beispielsweise als „Triebenergien" gedacht werden.

Einen völlig neuen Zugang stellt, wie in dieser Arbeit gezeigt werden konnte, die auf dieser philosophischen Grundlage entstandene daseinsanalytische Traumdeutung dar. Ihr liegt eine phänomenologische Betrachtung der Gegebenheiten und der Stimmung im Traum zugrunde, die von der Symbollehre Freuds und Jungs klar abzugrenzen ist.

Auf dem Gebiet der sexuellen Perversionen gelang es Boss mit seiner Habilitationsschrift, den Blick von krankhaften Trieben weg zu einer verkümmerten Ausdrucksform der Liebe zu lenken. Die Eröffnung liebender Verhaltensmöglichkeiten steht dabei therapeutisch im Vordergrund.

Die Beschäftigung mit der Daseinsanalyse hatte für Boss eine geradezu *existentielle* Bedeutung. Nicht die Verbreitung einer möglichst komplizierten Theorie und neuen Psychotherapieschule war ihm wichtig. Er trat vielmehr für ein umfassendes Umdenken ein, das dem menschlichen Wesen gerecht würde.

Obwohl die Daseinsanalyse sich in der aktuellen psychiatrischen Lehre und Forschung nicht durchgesetzt hat, wurde herausgearbeitet, welche Möglichkeiten sich durch einen Perspektivenwechsel aufgrund der Beschäftigung mit philosophischen Grundlagen für die ärztliche Therapie ergeben können.

In der Diskussion der Ergebnisse wurden neben Überlegungen zur historischen und allgemeinen Bedeutung der Traumauslegung und des Perversionsverständnisses von Medard Boss einige Vorschläge zu weiteren Themen zukünftiger Forschungen auf der Ebene des Dialoges von Medizin und Philosophie gemacht.

Letztlich sollte mit dieser Arbeit gezeigt werden, daß im Rahmen einer sogenannten „ganzheitlich" orientierten Medizin, die zur Zeit mehr und mehr Zuspruch vor allem seitens der Patienten erfährt, auch die Daseinsanalyse neue Aktualität erhalten könnte – nicht im Gegensatz zur naturwissenschaftlich-technischen Medizin, sondern als ihre notwendige Ergänzung und Begründung.

VIII Literaturverzeichnis

VIII.1 Bibliographie der Schriften von Medard Boss

Die vorliegende Bibliographie stellt das zur Zeit umfangreichste Schriftenverzeichnis von Boss dar; die in dieser Arbeit berücksichtigten Schriften sind mit einem * gekennzeichnet.

Zur erbbiologischen Bedeutung des Alkohols. Monatsschrift für Psychiatrie und Neurologie 72, 264–292 (1929)*

Psychologisch-charakterologische Untersuchungen bei antisozialen Psychopathen mit Hilfe des Rorschach'schen Formdeutversuches. Zeitschrift für die gesamte Neurologie und Psychiatrie 133, 544–575 (1931)

Halluzinationen in statu nascendi. Schweizer Archiv für Neurologie und Psychiatrie 32/2, 1–4 (1933)

Die psychischen Energieverschiebungen im Verlaufe eines schizophrenen Schubes. Schweizer Archiv für Neurologie und Psychiatrie 36/1, 58–62 (1935)

Die psychische Dynamik der Schlafkur bei Schizophrenien. Schweizer Archiv für Neurologie und Psychiatrie 36/2, 209–220 (1935)

Indications et effets de la cure de sommeil. In: Extraits des comptes rendus du Congrès des médecins aliénistes et neurologuistes des pays de langue française. 1–4, Masson, Paris, 1936

Die Grundprinzipien der Schizophrenietherapie im historischen Rückblick. Zeitschrift für die gesamte Neurologie und Psychiatrie 157/3, 358–392 (1937), auch in: Boss: Von der Psychoanalyse zur Daseinsanalyse. 11–53, Europa Verlag, Wien, 1979

Individuelle Vorbehandlung zur kollektiven Arbeitstherapie bei schweren, chronischen Schizophrenen. Schweizer Archiv für Neurologie und Psychiatrie 62/1, 15–26 (1938), auch in: Boss: Von der Psychoanalyse zur Daseinsanalyse. 55–70, Europa Verlag, Wien, 1979

Psychopathologie des Traumes bei schizophrenen und organischen Psychosen. Zeitschrift für die gesamte Neurologie und Psychiatrie 162/3. 459–494 (1938)

Über drei Kategorien vermeidbarer Misserfolge in der ärztlichen Allgemeinpraxis. Schweizerische medizinische Wochenschrift 69/26. 602–607 (1939), auch in: Boss: Von der Psychoanalyse zur Daseinsanalyse. 71–93, Europa Verlag, Wien, 1979

Kleine und große Psychotherapie. Schweizerische medizinische Wochenschrift 70/6. 113–126 (1940)

Körperliches Kranksein als Folge seelischer Gleichgewichtsstörungen. Huber, Bern, 1940, [7]1989, schwed. Själsharmoni och hälsa, Bokforlaget Natur och Kultur, Stockholm, 1944, jap. Misuzu Shobo, Tokyo, 1959

Über die geheimen Mühsale seelischen Gesundseins und ihre Linderung. Gesundheit Wohlfahrt 9/10, 581–587 (1940)

Die funktionellen Schlafstörungen in der Schizophrenie. Schweizerische medizinische Wochenschrift 71/12, 390–391 (1941)

Nahrungsmittelrationierung und Volkspsychologie. Gesundheit und Wohlfahrt 21/11, 1–8 (1941)

Psychohygiene in vorderer Linie (Militärpsychiatrie). Schweizerische medizinische Wochenschrift 71/23, 707–711 (1941)

Alte und neue Schocktherapien und Schocktherapeuten. Zeitschrift für die gesamte Neurologie und Psychiatrie 173, 776–782 (1941), auch in: Boss: Von der Psychoanalyse zur Daseinsanalyse. 95–103, Europa Verlag, Wien, 1979

Die Bedeutung der Psychologie für die menschlichen Lebens- und Arbeitsgemeinschaften. Ösch, Thalwil-Zürich, 1943

Die Funktion der psychiatrischen Beratungsstelle in den selbständigen Heereseinheiten. Vierteljahresschrift für Schweizerische Sanitätsoffiziere 21/2, 85–90 (1944)

Die Gestalt der Ehe und ihre Zerfallsformen. Ein Beitrag zur Psychopathologie der menschlichen Gemeinschaftsbildungen. Huber, Bern, 1944

Enuresis nocturna. Schweizerische medizinische Wochenschrift 75/14, 293–305 (1945)

Sinn und Gehalt der sexuellen Perversionen. Ein daseinsanalytischer Beitrag zur Psychopathologie des Phänomens der Liebe. Huber, Bern, 1947, 2., erweiterte Auflage 1952*, 3., erweiterte Auflage 1966, Nachdruck Fischer-Taschenbuch, Frankfurt a.M., ³1984*, engl. Meaning and content of sexual perversions. Grune and Stratton, New York, 1949, jap. Misuzu Shobo, Tokyo, 1957, ital. Senso e contenuto delle perversioni sessuali. Sugor, Milano, 1962, russ. Moskauer Staatsverlag, Moskau, 1965

Die Möglichkeiten und Grenzen der Psychotherapie. Schweizerische Zeitschrift für Psychologie und ihre Anwendungen 7/4, 252–268 (1948), auch in: Boss: Von der Psychoanalyse zur Daseinsanalyse. 105–121, Europa Verlag, Wien, 1979

Vom Weg und Ziel der tiefenpsychologischen Therapie. Jahrbuch Psyche 2, 321–339 (1948), auch in: Boss: Von der Psychoanalyse zur Daseinsanalyse. 123–144, Europa Verlag, Wien, 1979

Die Blutdruckkrankheiten als menschliches Problem. Psyche 2/4, 499–517 (1949)

Die Grundlagen einer psychosomatischen Medizin. Schweizerische medizinische Wochenschrift 79/50, 1203–1208 (1950)

Die neuesten Fortschritte auf dem Gebiete der Psychoanalyse. Studium generale 3/6, 303–308 (1950)

Erwiderung zum Bericht über mein Referat auf der 66. Wanderversammlung der südwestdeutschen Psychiater und Neurologen in Badenweiler. Psyche 4/7, 394–400 (1950)*

Beitrag zur daseinsanalytischen Fundierung des psychiatrischen Denkens. Schweizer Archiv für Neurologie und Psychiatrie 67/1, 15–19 (1951), auch in: Boss: Von der Psychoanalyse zur Daseinsanalyse. 145–150, Europa Verlag, Wien, 1979

Erfahrungen mit dem neuen Schlafmittel „Plexonal" (Sandoz). Praxis 40/33, 679–683 (1951)

Rundfrage über ein Referat auf der 66. Wanderversammlung der südwestdeutschen Psychiater und Neurologen in Badenweiler. Psyche 4/11, 635–640 (1951)*

Die Bedeutung der Daseinsanalyse für die Psychologie und Psychiatrie. Psyche 6/3, 178–186 (1952), auch in: Boss: Von der Psychoanalyse zur Daseinsanalyse. 151–160, Europa Verlag, Wien, 1979*

Herkunft und Wesen des Archetypus-Begriffes in der Tiefenpsychologie. Psyche 6/10, 584–597 (1952)

Mensch und Technik in der heutigen Medizin. Schweizerische medizinische Wochenschrift 82/25, 653–657 (1952), engl. Mechanistic and holistic thinking in modern medicine. The American Journal of Psychoanalysis 14, 48–54 (1954)

Der Traum und seine Auslegung. Huber, Bern, 1953*, engl. The dream and its interpretation. London, Rider, 1957, Analysis of dreams. The Philosophical Library, New York, 1958, jap. Misuzu Shobo, Tokyo, 1970, ital. Editore Boringhieri, Torino, 1973

Reglementierung der Tätigkeit nicht-ärztlicher Psychologen. Schweizerische Ärzte-Zeitung 34, 272–275 (1953)

Wie soll eine Frigidität in der Praxis beurteilt und behandelt werden. Deutsche medizinische Wochenschrift 78/45, 1573–1576 (1953), ital. Come considerare e trattare la frigidità. Medicina psicosomatica 1, 9–12 (1956)

Psychoanalyse eines Sadisten. In: Boss: Von der Psychoanalyse zur Daseinsanalyse. 161-186, Europa Verlag, Wien, 1979, engl. Boss, Medard und Benedetti, Gaetano: Psychoanalysis of a sadist. Samiska, Indian Journal of Psychiatry 7/1, 18-38 (1953)

Einführung in die Psychosomatische Medizin. Huber, Bern, 1954.* 2., gekürzte Aufl. unter dem Titel Praxis der Psychosomatik. Krankheit und Lebensschicksal. Benteli, Bern, 1978, franz. Introduction à la médecine psychosomatique. Presses Universitaires de France, Paris, 1959

Grundsätzliches zur Wissenschaftlichkeit der Traumdeutung. Schweizerische Zeitschrift für Psychologie und ihre Anwendungen 13/2, 128-135 (1954)

Die psychosomatische Medizin in Nöten. Medizin heute 4/4, 185-187 (1955)

Daseinsanalytik und Psychotherapie. Über die Grenzen der Psychoanalyse. Deutsche Universitätszeitung 11/23-24, 17-19 (1956), engl. ,,Daseinsanalysis" and psychotherapy. Progress in psychotherapy 2, 156-161 (1957)

Psychoanalyse und Daseinsanalytik. Huber, Bern, 1957, auch Kindler, München, 1980, span. Psicoanálisis y analítica existencial. Javier Morata, Madrid, 1958, jap. Misuzu Shobo, Tokyo, 1962, engl. Psychoanalysis and daseinsanalysis. Basic Books, New York, 1963, ^{2}1982, holl. Psychoanalyse en daseinsanalyse. Erven J. Bijleveld, Utrecht, 1968, ital. Psycoanalisi e analitica esistenziale. Casa Editrice Astrolabio, Roma, 1973

Psychotherapeutischer Beitrag zur Schizophrenielehre. 2nd International Congress of Psychiatry in Zürich 3, 254-259 (1957), engl. The role of psychotherapy in schizophrenia. Samiska, Indian Journal of Psychiatry 1/1, 1-9 (1958)

Wirkungsweise und Indikation der Psychotherapie. Schweizerische medizinische Wochenschrift 87/6, 128-133 (1957), ital. Modo d'agire e indicazioni della psicoterapia. Medicina psicosomatica 3/1, 3-17 (1958)

Zusammenfassung und Schlußwort zum Internationalen Symposium über die Psychotherapie der Schizophrenie. Acta psychotherapeutica 5/2-4, 352-359 (1957)

Die Psychotherapie des praktischen Arztes. Schweizerische medizinische Wochenschrift 89/51, 1336–1341 (1959), auch in: Boss: Von der Psychoanalyse zur Daseinsanalyse. 187–202, Europa Verlag, Wien, 1979

Indienfahrt eines Psychiaters. Neske, Pfullingen, 1959, ^{5}1987, engl. A psychiatrist discovers India. Oswald Wolf, London, 1965, schwed. Indisk visdom och modern psikiatri. Bokforlaget Natur och Kultur, Stockholm, 1967, franz. Un psychiatre en Inde. Fayard, Paris, 1971, jap. Misuzu Shobo, Tokyo, 1972

Kleine und große Psychotherapie der essentiellen Hypertoniker. Acta psychosomatica 3, 9–40 (1959)

Martin Heidegger und die Ärzte. Einem Therapeuten wird sein bio-psychologischer Star gestochen. In: Neske, Günther: Martin Heidegger zum 70. Geburtstag. 276–290, Neske, Pfullingen, 1959, auch in: Boss: Von der Psychoanalyse zur Daseinsanalyse. 203–244, Europa Verlag, Wien, 1979

Psicoanálisis y análisis del „dasein". Revista de Psiquiatría y Psicología médica de Europa y América latina 4/1, 20–26 (1959), franz. Psychoanalyse et analyse du „dasein". Acta psychotherapeutica et psychosomatica 8/3, 161–171 (1960)

Das Ich? Die Motivation? Schweizerische Zeitschrift für Psychologie und ihre Anwendungen 19/4, 299–306 (1960), engl. Ego? Motivation? Journal of Existential Psychiatry 1, 275–283 (1960), The ego? Human motivation? Acta psychologica 19, 217–222 (1961), franz. Le problème du Moi dans la motivation. L'évolution psychiatrique 4, 481–489 (1960)

Grosse Psychotherapie der psychosomatischen Krankheiten. Schweizerische medizinische Wochenschrift 90/8, 173–177 (1960)

Daseinsanalytische Bemerkungen zu Freuds Vorstellung des „Unbewussten". Zeitschrift für psychosomatische Medizin 7, 130–141 (1960/61), auch in: Boss: Von der Psychoanalyse zur Daseinsanalyse. 245–266, Europa Verlag, Wien, 1979

Die Bedeutung der Daseinsanalyse für die psychoanalytische Praxis. Zeitschrift für psychosomatische Medizin 7, 162–172 (1960/61), auch in: Boss: Von der Psychoanalyse zur Daseinsanalyse. 267–285, Europa Verlag, Wien, 1979

Psychosomatics and existentialism. Proceedings of the World Congress of Psychiatry 3, 277–280 (1961)

Warum verhält sich der Mensch überhaupt sozial? Proceedings of the World Congress of Psychiatry 3, 228–233 (1961), engl. What makes us behave at all socially? Review of Existential Psychology and Psychiatry 2, 53–68 (1962)

Anxiety, guilt and psychotherapeutic liberation. Review of Existential Psychology and Psychiatry 2, 122–202 (1962)

„Daseinsanalysis" and Psychotherapy. In: Ruitenbeek, Hendrik M.: Psychoanalysis and Existential Philosophy. 81–89, E.P. Dutton and Co., New York, 1962

Lebensangst, Schuldgefühle und therapeutische Befreiung. Huber, Bern, 1962, port. Angústia, culpa e libertação. Livraria Duas Cidades, São Paulo, 1971

Outline of the analysis of dasein. Philosophical Bulletin Ahmedabad India 50/1, 1962

The conception of man in natural science and Daseinsanalysis. Comprehensive Psychiatry 3, 193–214 (1962)

Gedanken über eine schizophrene Halluzination. Schweizer Archiv für Neurologie und Psychiatrie 91/1, 87–95 (1963)

Begegnung in der Psychotherapie. Psychotherapy and Psychosomatics 13, 332–341 (1965), auch in: Boss: Von der Psychoanalyse zur Daseinsanalyse. 287–294, Europa Verlag, Wien, 1979

Discussion of the paper by J. Ruesch. 6th International Congress of Psychotherapy in London 1964, Psychotherapy and Psychosomatics 13, 82–86 (1965)

Vorwort zu Carlos A. Seguin: Der Arzt und sein Patient, Hans Huber, Bern, 1965

Beispiele für den Einfluß einer Psychotherapie auf die religiöse Einstellung von Analysanden. Theologia practica 1/3, 222–234 (1966), auch in: Boss: Von der Psychoanalyse zur Daseinsanalyse. 309–325, Europa Verlag, Wien, 1979

Cinco lecciónes de introducción a la analítica del dasein. Cuadernos de Psiquiatría 3/4, 17–38/11–41 (1966)

Entmythologisierung der psychosomatischen Medizin. In: Lassner, Jean: Hypnosis and psychosomatic medicine. 35–53, Springer Verlag, Berlin, 1967, auch in: Zeitschrift für Klinische Psychologie und Psychotherapie 25/2, 136–151 (1977)

Boss, Medard und Condrau, Gion: Existential Analysis. In: Howells, John G.: Modern Perspectives in World Psychiatry. Oliver & Boyd, Edinburgh, 1968

Boss, Medard und Condrau, Gion: Existential Psychoanalysis. In: Wolman, Benjamin B.: Psychoanalytic Techniques. 443–470, Basic Books, New York, 1967

Modell und Antimodell in der psychosomatischen Medizin. Therapeutische Umschau 24, 536–545 (1967), auch in: Boss: Von der Psychoanalyse zur Daseinsanalyse. 327–346, Europa Verlag, Wien, 1979

Psychosomatische Störungen und Organneurosen – Erkenntnisse heutiger Psychotherapie. Universitas 22, 1163–1172 (1967)

Der Mensch – Gegenstand der wissenschaftlichen Forschung. Psychosomatic Medicine 1/2, 1–4 (1968/69)

Boss, Medard und Condrau, Gion: Daseinsanalysis. In: Sahakian, William S.: Psychopathology Today. 567–574, Peacock, Itasca, 1970

Die notwendige Revolution im ärztlichen Denken. Therapeutische Umschau/Revue Thérapeutique 27/12, 783–790 (1970)*, auch in: Gloor, Arthur: Die Zukunft im Angriff. Die Schweiz auf dem Weg ins 21. Jahrhundert. Verlag Huber, Frauenfeld, 1971

Boss, Medard und Hicklin, Alois: Daseinsanalyse. In: Arnold, Wilhelm und Eysenck, Hans-Jürgen und Meili, Richard: Lexikon der Psychologie 1. 347, Herder, Freiburg i.Br., 1971

Die notwendige Revolution der Weltanschauung. Journal der Reisehochschule Zürich und des Reisehochschulclubs Zürich 10, 1–22 (1971)

Grundriss der Medizin (in 2. Auflage im Titel erweitert: Grundriss der Medizin und der Psychologie). Huber, Bern, 1971, ^{2}1975*, ^{3}1999, engl. Existential fundaments of medicine and psychology. Jason Aronson Publishing Co., New York, 1978, cech. Nárys medicíny a psychológie. Predmanzelská a manzelská poradna ObNV, Bratislava, 1985

Arzt und Tod. Ein daseinsanalytischer Versuch. Psychosomatische Medizin 4, 1–11 (1972)

Die sexuellen Perversionen als mitmenschliche Phänomene. Sozialklinische Studien über Mental Health in der heutigen Gesellschaft 4 (1972)

Sturmzeichen in der Psychologie und Psychiatrie. Epilog zu einem revolutionären Internationalen Psychotherapeuten-Kongress. Psychotherapy and Psychosomatics 20/1-2, 92–106 (1972)

The training of the future psychotherapist. Improvement of psychiatric services and teaching programms. In: Indian Journal of Psychiatry (1972)

Die Bedeutung der Daseinsanalyse für die Psychiatrie, dargestellt aufgrund der Behandlung einer schizophrenen Psychose. Therapeutische Umschau 30/1, 5–11 (1973)

Boss, Medard und Condrau, Gion: Die Daseinsanalyse in der Zürcher Psychiatrie von heute. Schweizer Archiv für Neurologie, Neurochirurgie und Psychiatrie 112/1, 21–30 (1973)

Medard Boß. In: Pongratz, Ludwig J.: Psychotherapie in Selbstdarstellungen. 71–106, Huber, Bern, 1973*

Sigmund Freud und die naturwissenschaftliche Denkmethode. Hexagon 1/1, 1–6 und 1/2, 1–7 (1973), auch in: Boss: Von der Psychoanalyse zur Daseinsanalyse 387–404, Europa Verlag, Wien, 1979

Die psycho-somatische Medizin und das Kausalitätsprinzip. Hexagon 2/2, 8–18 (1974), auch in: Boss: Von der Psychoanalyse zur Daseinsanalyse. 405–422, Europa Verlag, Wien, 1979

Boss, Medard und Condrau, Gion: Analyse existentielle (Daseinsanalyse). Encyclopédie Médico-chirurgicale 5, 55–60 (1975)

„Es träumte mir vergangene Nacht, ...". Huber, Bern, 1975, ^{2}1991*, engl. „I dreamt last night ...". Gardner Press Inc., New York, 1977, port. „Na noite passada eu sonhei ...". Ed. Summus, São Paulo, 1979, serbokroat.. Novo tumacenje snova. Biblioteka Psika Naprijed, Zagreb, 1985, franz. „Il m'est venu un rêve ...". Presses Universitaires, Paris, 1989

Das Träumen und das Geträumte in daseinsanalytischer Sicht. In: Battegay, Raymond; Trenkel, Arthur: Der Traum. Aus der Sicht verschiedener therapeutischer Schulen. 60–77, Huber, Bern, 1976, engl. Dreaming and the Dreamed in the Daseinsanalytical Way of Seeing. In: Scott, Charles E.: On dreaming – An encounter with Medard Boss. 235–263, Scholars Press, Chico/California, 1977*

Das Verhältnis von Leib und Seele im Lichte der Daseinsanalytik. Psychosomatische Medizin 6/3-4, 1–22 (1976), auch in: Condrau, Gion und Hicklin, Alois: Leiben und Leben. 37–70, Benteli, Bern, 1977, jap. in: Masatoshi, Yoshill: Martin Heidegger Festschrift 1. 120–143, Risosha Verlag, Tokyo, 1975

Flight from death – mere survival; and flight into death – suicide. In: Wolman, Benjamin B.: Between survival and suicide. 1–24, Gardner, New York, 1976

Schizophrenes Kranksein im Lichte einer daseinsanalytischen Phänomenologie. Therapeutische Umschau 33/7, 452–464 (1976), auch in: Boss: Von der Psychoanalyse zur Daseinsanalyse 347–372, Europa Verlag, Wien, 1979, span. El „estar enfermo" del esquizofrénico entendido desde el análisis existencial. Acta Psiquiátrica y Psicológica de America Latina 21/1, 6–24 (1975), port. O modo de ser esquizofrenico à luz de uma fenomenologia daseinsanalítica. Revista de Associação Médica Brasileira Daseinsanalyse 3, 5–28 (1977)

Der korrespondierende Wandel von Gesellschaftsqualität und Neurosenformen im 20. Jahrhundert. In: Condrau, Gion und Hicklin, Alois: Weiterentwicklung der Psychoanalyse und ihrer Anwendungen 6, Individuum – Familie – Gesellschaft im Spannungsfeld zwischen Zwang und Freiheit. 153–167, Verlag für Medizinische Psychologie, Göttingen, 1977

Der psychotherapeutische Prozeß. In: Condrau, Gion und Hicklin, Alois: Leiben und Leben. 233–246, Benteli, Bern, 1977

Die daseinsgemäße Betrachtungsweise und die psychotherapeutische Beeinflußbarkeit menschlicher Körperleiden. In: Condrau, Gion und Hicklin, Alois: Leiben und Leben. 227–232, Benteli, Bern, 1977

Die Ontogenese des Menschen - aus der Sicht des Daseinsanalytikers. In: Condrau, Gion und Hicklin, Alois: Das Werden des Menschen. 105–119, Benteli, Bern, 1977

Erziehung Ja oder Nein? Neue Zürcher Zeitung 216, 46, 15.9.1977

Existential Analysis. In: Wolman, Benjamin B.: International Encyclopedia of Psychiatry, Psychoanalysis and Neurology 4. 395–400, Aesculapius, New York, 1977

Neid entfacht Terror. Das Phänomen menschlicher Gewalttätigkeit. Darmstädter Echo 180, 37, 6.8.1977

Zollikoner Seminare. In: Neske, Günther: In Erinnerung an Martin Heidegger. 31–45, Neske Verlag, Pfullingen, 1977, engl. Martin Heidegger's Zollikon seminars. Review of Existential Psychology and Psychiatry 16/1-3, 7–20 (1978/79)

Der neue Wandel der Neurosen-Erkenntnis der Psychotherapie. Universitas 33, 1023–1030 (1978)

Boss, Medard und Kenny, Brian: Phenomenological or daseinsanalytic approach. In: Fosshage, Loew: Dream Interpretation. 149–189, Medical Scientific Books, New York, 1978*

Sexualität und Psychotherapie. Psychosomatische Medizin 8, 118–128 (1978), auch in: Boss: Von der Psychoanalyse zur Daseinsanalyse. 373–386, Europa Verlag, Wien, 1979

Widersprochener Widerspruch. In: Condrau, Gion und Hicklin, Alois: Der Mensch. 41–50, Benteli, Bern, 1978

Das Irrationale in der psychotherapeutischen Behandlung. In: Condrau, Gion: Transzendenz, Imagination und Kreativität. Die Psychologie des 20. Jahrhunderts. 687–696, Kindler, Zürich, 1979, engl. Is psychotherapy rational or rationalistic? Review of Existential Psychology and Psychiatry 19, 115–127 (1984/85)

Das Sein zum Tode in tiefenpsychologischer Sicht. In: Condrau, Gion: Transzendenz, Imagination und Kreativität. Die Psychologie des 20. Jahrhunderts. 454–463, Kindler, Zürich, 1979

Der Einfluss der Daseinsanalyse auf die Religiösität der Analysanden. In: Condrau, Gion: Transzendenz, Imagination und Kreativität. Die Psychologie des 20. Jahrhunderts. 321–329, Kindler, Zürich, 1979

Von der Psychoanalyse zur Daseinsanalyse. Europa Verlag, Wien, 1979*

Martin Heidegger und seine Bedeutung für die gesellschaftliche Evolution. In: Hicklin, Alois: Wandel und Tradition. 111–129, Benteli, Bern, 1980

Das Träumen – ein Therapeuticum magnum. Hexagon 8/1, 15–24 (1980)

Boss, Medard und Condrau, Gion: Die Weiterentwicklung der Daseinsanalyse nach Ludwig Binswanger. In: Peters, Uwe Henrik: Ergebnisse für die Medizin: Die Psychologie des 20. Jahrhunderts 10. 728-739, Kindler, Zürich, 1980*

Angst und Gelassenheit in daseinsanalytischer Sicht. Christlicher Glaube in moderner Gesellschaft 9, 72-85 (1981)*

Begegnung und Auseinandersetzung mit sich selbst in der Schuld und im Gewissen. In: Battegay, Raymond: Herausforderung und Begegnung in der Psychiatrie. 54-76, Huber, Bern, 1981

Boss, Medard und Holzhey-Kunz, Alice: Das Phänomen des Widerstandes in der Daseinsanalyse. In: Petzold, Hilarion: Widerstand – ein strittiges Konzept in der Psychotherapie. 173-189, Jungfermann, Paderborn, 1981

Die Entwicklung der Psychotherapie im 20. Jahrhundert und die menschliche Existenz. Universitas 36, 617-622 (1981), auch Neue Zürcher Zeitung 79, 60-70, 4.5.1981, franz. Développement de la psychothérapie au 20e siècle. Psychiatrie française 14/3, 7-26 (1983), auch Exposé sur le développement de la psychothérapie au 20e siècle. Archives suisses de neurologie, neurochirurgie et de psychiatrie 128/2, 183-196 (1981)

Träume – unsere zweite Existenz. Musik und Medizin 19, 17-35 (1981)

Triebwelt und Personalisation. Christlicher Glaube in moderner Gesellschaft 6, 7-26 (1981)

Cultura e psícoterapia. Proceedings of the 12th Congress of International Psychotherapy, Rio de Janeiro (1982)

Die normale Angst. Neue Zürcher Zeitung 271, 37, 21.11.1982, port. Ansiedade normal. Gesammelte Beiträge des Forum Internacional sobre Ansiedade, São Paulo, Brasilien (1982)

Interpretação daseinsanalítica dos sonhos. In: Lopes, Guimarães: Progressos em Terapeutica Psiquiátrica. 335-346, Biblioteca do Hospital do Conde de Ferreira, Porto, 1982

O que é o inconciente? Proceedings of the 12th Congress of International Psychotherapy, Rio de Janeiro, 99–108 (1982)

Von der Spannweite der Seele. Benteli, Bern, 1982

Wirklichkeit als Sich-Entbergen von Seiendem. In: Grassi, Ernesto und Schmale, Hugo: Das Gepräch als Ereignis. 99–108, Fink, München, 1982

Die Magie der psychosomatischen Medizin. Psychosomatische Medizin 4/11, 189–197 (1983)

Zur Frage des sogenannten „Stresses". Zeitschrift für klassische Homöopathie 27/4, 167–170 (1983)

Die Bedrängnis des Daseins. Rheinische Post 303, 2, 31.12.1984

Einsamkeit und Gemeinschaft. Daseinsanalyse 1/1, 6–22 (1984), port. Solidão e comunidade. Revista de Associação Médica Brasileira Daseinsanalyse 1, 25–44 (1976), franz. Solitude et communauté. Procès verbal des 25es rencontres internationaux de Genève, Edition de la Baconnière, Neuchâtel, 1976

Gedanken zu Valerie Gampers Referat „An der Sprache sollt ihr sie erkennen". Daseinsanalyse 1/1, 58–65 (1984)

Vortrag: Ist menschliche Schuld psychotherapeutisch heilbar? Katholische Akademie, Freiburg i. Br., 3.6.1984

Psychosomatische Medizin: Wissenschaft oder Magie? Daseinsanalyse 2/2, 107–119 (1985)

Sonhar e psícoterapia. Revista de Associação Médica Brasileira Daseinsanalyse 6, 5–20 (1985)

The Unconscious: what is it? Review of Existential Psychology and Psychiatry 20, 237–249 (1986/87)

Recent considerations in daseinsanalysis. Humanistic Psychologist 16/1, 58–74 (1988)

Woraus besteht der Mensch, wenn er träumt, und wo ist er dann? Daseinsanalyse 6/3, 149–160 (1989)

Daseinsanalytische Bemerkungen zum Wesen der Freudschen Psychoanalyse. Daseinsanalyse 7/3, 167–173 (1990)

Anstöße Martin Heideggers für eine andere Psychiatrie. In: Gander, Hans-Helmuth: Von Heidegger her, Wirkungen in Philosophie – Kunst – Medizin, Meßkircher Vorträge 1989. 125–140, Klostermann, Frankfurt a.M., 1991*

Dialogue between Prof Medard Boss and Prof Dongshick Rhee. Psychotherapy 6/1, 30–43 (1992)*

VIII.2 Sekundärliteratur

Bagus, Peter: Phänomenologie psychosomatischer Erkrankungen bei Medard Boss im Kontext der Medizingeschichte. Med. Diss. Düsseldorf, 1993

Baier, Franz-Xaver: Phänomenologie des gelebten Raumes. Architekt. Diss. Stuttgart, 1989

Bally, Gustav: Antwort auf die Rundfrage über ein Referat auf der 66. Wanderversammlung der südwestdeutschen Psychiater und Neurologen in Badenweiler. Psyche 4/8, 449–454 (1950)

Baron, Richard J.: Why aren't more doctors phenomenologists? Philosophy and Medicine 43, 37–47 (1992)

Becker, Gregor: Philosophische Probleme der Daseinsanalyse von Medard Boss und ihre praktische Anwendung. Tectum, Marburg, 1997

Binswanger, Ludwig: Freuds Auffassung des Menschen im Lichte der Anthropologie. In: Braun, Hans-Jörg: Ludwig Binswanger. Ausgewählte Vorträge und Aufsätze. 159–217, Francke, Bern, 1947, ^{2}1961

Binswanger, Ludwig: Antwort auf die Rundfrage über ein Referat auf der 66. Wanderversammlung der südwestdeutschen Psychiater und Neurologen in Badenweiler. Psyche 4/8, 455–457 (1950)

Binswanger, Ludwig: Daseinsanalyse und Psychotherapie. Acta Psychotherapeutica et Psychosomatica 8, 251–260 (1960)

Bleuler, Manfred: Antwort auf die Rundfrage über ein Referat auf der 66. Wanderversammlung der südwestdeutschen Psychiater und Neurologen in Badenweiler. Psyche 4/8, 457–459 (1950)

Bleuler, Manfred: Lehrbuch der Psychiatrie. Springer, Berlin, 1916, ^{15}1983

Boothby, Richard: Heideggerian psychiatry? The Freudian Unconscious in Medard Boss and Jacques Lacan. Journal of Phenomenological Psychology 24/2, 144–160 (1993)

Condrau, Gion: Die Daseinsanalyse von Medard Boss und ihre Bedeutung für die Psychiatrie. Huber, Bern, 1965

Condrau, Gion: Daseinsanalyse. Universitätsverlag, Freiburg/Schweiz, 1989, 2,. erweiterte Auflage Röll, Dettelbach, ^{2}1998

Condrau, Gion: Ehrung. Daseinsanalyse 8, 136–140 (1991)

Condrau, Gion: Die Bedeutung der Daseinsanalytik für Medizin und Psychologie. Daseinsanalyse 9, 1–23 (1992)

Craig, Erik: Remembering Medard Boss. Human Psychologist 21/3, 258–276 (1993)

Downing, Christine: Poetically dwells man on this earth. In: Scott, Charles E.: On dreaming. An encounter with Medard Boss. 85–102, Scholars Press, Chico/California, 1977

Engelhardt, Dietrich v.: Philosophische Grundlagen der Psychiatrie des 20. Jahrhunderts. In: Janzarik, Werner: Psychopathologische Konzepte der Gegenwart. 4–18, Enke, Stuttgart, 1982

Engelhardt, Dietrich v.: Der geisteskranke Sittlichkeitsverbrecher Moosbrugger in Musils „Mann ohne Eigenschaften". In: Klose, Wolfgang und Oehmichen, Manfred: Rechtsmedizinische Forschungsergebnisse. 285–301, Schmidt-Römhild, Lübeck, 1990

Engelhardt, Dietrich v.: Sexualpathologie und Sittlichkeitsdelinquenz in der Wissenschaft und Literatur der zweiten Hälfte des 19. Jahrhunderts. In: Koch, Hans-Albrecht; Rovagnati, Gabriella; Oppermann, Bernd H.: Grenzfrevel. Rechtskultur und literarische Kultur. 220–240, Bouvier, Bonn, 1998

Engelhardt, Dietrich v. und Schipperges, Heinrich: Die inneren Verbindungen zwischen Philosophie und Medizin im 20. Jahrhundert. Wissenschaftliche Buchgesellschaft, Darmstadt, 1980

Feiereis, Hubertus: Basiswissen Psychotherapie. Vandenhoeck u. Ruprecht, Göttingen, 1980

Foucault, Michel: Der Wille zum Wissen. Suhrkamp, Frankfurt a.M., 1977, ^{7}1994

Freud, Sigmund: Die sexuellen Abirrungen. In: Freud, Anna: Gesammelte Werke V. 33–72, Imago Publishing, London, 1942, S. Fischer Verlag, Frankfurt a.M., ^{4}1968

Freud, Sigmund: Studienausgabe 2, Die Traumdeutung. Fischer Taschenbuch Verlag, Frankfurt a.m., 1982

Frick, Eckhard: Wer ist schuld? Das Problem der Kausalität in Psychiatrie und Psychoanalyse. Georg Olms Verlag, Hildesheim, 1993

Giese, Hans: Zur Psychopathologie der Sexualität. Enke, Stuttgart, 1962

Götte, Maria Ida: Psychoanalytische und daseinsanalytische Perspektiven der Schizophrenie und ihrer Behandlung. Juris-Druck und Verlag, Zürich, 1976

Gulbrandsen, Odd Runar: Eksistensiell psykoterapi. Tidsskrift for Norsk Psykologforening 27, 747–754 (1990)

Harrington Hall, Mary: A conversation with Medard Boss or The evolution of psychoanalysis. Psychology today 2/7, 58–65 (1968)

Heidegger, Martin: Der Feldweg. Klostermann, Frankfurt a.M., 1953, ^{9}1991

Heidegger, Martin: Sein und Zeit, Niemeyer, Tübingen, 1927, ^{17}1993

Heidegger, Martin: Zollikoner Seminare, Protokolle – Gespräche – Briefe. In: Boss, Medard: Zollikoner Seminare. Klostermann, Frankfurt a.M., 1987

Helting, Holger: Einführung in dei philosophischen Dimensionen der psychotherapeutischen Daseinsanalyse, Shaker, Herzogenrath, 1999

Hersch, Jeanne: Das philosophische Staunen. Piper, München, 1981, ^{6}1997

Jaspers, Karl: Allgemeine Psychopathologie. Springer, Berlin, 1913, ^{9}1973

Jung, Carl Gustav: Antwort auf die Rundfrage über ein Referat auf der 66. Wanderversammlung der südwestdeutschen Psychiater und Neurologen in Badenweiler. Psyche 4/8, 464–465 (1950)

Jung, Carl Gustav: Über psychische Energetik und das Wesen der Träume. Walter-Verlag, Freiburg im Breisgau, 1971, ^{8}1985

Kockott, Götz: Sexuelle Variationen. Hippokrates, Stuttgart, 1988

Krafft-Ebing, Richard v.: Psychopathia sexualis mit besonderer Berücksichtigung der conträren Sexualempfindung. Enke, Stuttgart, 1886, ^{2}1891 (umgearb. u. verm. Aufl.)

Lowe, Walter James: On using Heidegger. In: Scott, Charles E.: On dreaming. An encounter with Medard Boss. 36–56, Scholars Press, Chico/California, 1977

Mackenthun, Gerald: Widerstand und Verdrängung. Verlag für Tiefenpsychologie, Berlin, 1997

Marcel, Gabriel: Bemerkungen über die Entpersönlichung der Medizin. In: Rolin, Jean: Was erwarten wir vom Arzt? 13–23, Hippokrates, Stuttgart, 1956

Marshall, John M.: Martin Heidegger and Medard Boss: Dialogue between philosophy and psychotherapy, Phil. Diss. Oklahoma, 1974

Merleau-Ponty, Maurice: Phänomenologie der Wahrnehmungen. Gallimard, Paris, 1945, De Gruyter, Berlin, 1974

Mitscherlich, Alexander: 66. Wanderversammlung der südwestdeutschen Psychiater und Neurologen in Badenweiler, Erstes Leitthema: Daseinsanalyse. Psyche 4/4, 226–234 (1950)

Morgenthaler, Christoph: Der religiöse Traum – Erfahrung und Deutung. Kohlhammer, Stuttgart, 1992

Morgenthaler, Fritz: Die Stellung der Perversionen in Metapsychologie und Technik. Psyche 28, 1077–1098 (1974)

Müller, Max: Antwort auf die Rundfrage über ein Referat auf der 66. Wanderversammlung der südwestdeutschen Psychiater und Neurologen in Badenweiler. Psyche 4/8, 471–472 (1950)

Müller-Locher, Peter: Sprache und Dasein. Phil. Diss. Zürich, 1977

Müller-Suur, Hemmo: Zur anthropologischen Theorie der Sexualperversionen. In: Wiesenhütter, Eckart: Werden und Handeln. 321–333, Hippokrates, Stuttgart, 1963

Ôhashi, Ryôsuke: Erinnerungen an Fritz Heidegger (Titel vom Übersetzer. Originaltitel auf japanisch: „Kawa" sunkô. Genshôgaku no genryû = Über den „Fluß". Die Quelle der Phänomenologie). Sobun 220, 1–3 (1982), auch in: Buchner, Hartmut: Japan und Heidegger. Gedenkschrift der Stadt Meßkirch zum 100. Geburtstag Martin Heideggers. 203–206, Thorbecke Verlag, Sigmaringen, 1989

Pacheco, Albert: The legacy of Medard Boss. Review of Existential Psychology & Psychiatry 21 (1/3), 3–8 (1988/89), ersch. 1993

Plessner, Helmuth: Lachen und Weinen. Eine Untersuchung der Grenzen menschlichen Verhaltens. In: Dux, Günter und Marquard, Odo und Ströker

Elisabeth: Helmuth Plessner – Gesammelte Schriften, 225–254, Suhrkamp, Frankfurt a.M., 1982

Probst-Frey, Cilly: Autismus und Wahn bei Binswanger, Blankenburg und Boss. Med. Diss. Zürich, 1979

Rattner, Joseph: Krankheit, Gesundheit und der Arzt. Medizinische Anthropologie auf tiefenpsychologischer Grundlage. Quintessenz-Verlag, München, 1993

Reinberger, Francis E.: A study of the thought of Paul Tillich and Medard Boss: some major implications for pastoral theology. Theol. Diss. New York, 1966

Riefler, Erwin: Menschliche Existenz und Grundbefindlichkeiten in Extremsituationen: eine phänomenologische Untersuchung und Daseinsanalyse menschlicher Existenz unter Berücksichtigung einzelwissenschaftlicher Aspekte. R.G. Fischer, Frankfurt a.M., 1989

Riem, Ludger: Das daseinsanalytische Verständnis in der Medizin: von seinem Beginn bei Ludwig Binswanger bis zur Gründung des „Daseinsanalytischen Instituts für Psychotherapie und Psychosomatik (Medard Boss Stiftung)" in Zürich. Murken-Altrogge, Herzogenrath, 1987

Safranski, Rüdiger: Ein Meister aus Deutschland. Fischer Taschenbuch, Frankfurt a.M., 1997

Schlegel, Leonhard: Neurose als Abwehr. Francke, Tübingen, ^{2}1985

Schmidt-Degenhardt, Michael: Zur Standortbestimmung einer anthropologischen Psychiatrie. Fortschritte in Neurologie und Psychiatrie 65, 473–480 (1997)

Schmitz, Hermann: Neue Phänomenologie. Bouvier Verlag Herbert Grundmann, Bonn, 1980

Schorsch, Eberhard; Galedary, Gerlinde; Haag, Antje; Hauch, Margret; Lohse, Hartwig: Perversion als Straftat: Dynamik und Psychotherapie. Springer, Berlin, 1985

Schubert, Gotthilf Heinrich: Die Symbolik des Traumes. Kunz, Bamberg, 1814, Reprint Klotz, Eschborn, 1995

Schultz-Hencke, Harald: Antwort auf die Rundfrage über ein Referat auf der 66. Wanderversammlung der südwestdeutschen Psychiater und Neurologen in Badenweiler. Psyche 4/8, 472 (1950)

Scott, Charles E.: The Zollikon seminars. Heidegger Studies 6, 131–141 (1990)

Staehelin, Balthasar: Mensch und Menschensohn. Junghans Verlag, Cuxhaven, 1992

Stoller, Robert Jesse: Perversion. Die erotische Form von Haß. Rowohlt, Reinbek, 1979

Struck, Erdmute: Der Traum in Theorie und therapeutischer Praxis von Psychoanalyse und Daseinsanalyse. Dt. Studien-Verl., Weinheim, 1992

Tellenbach, Hubertus: Psychiatrie als geistige Medizin. Verlag für angewandte Wissenschaft, München, 1987

Trenkel, Arthur: Andenken an Medard Boss aus der Sicht der psychotherapeutischen Praxis. Psychotherapy 6/1, 25–27 (1992)

Vetter, Helmuth: ,,Es gibt keine unmittelbare Gesundheit des Geistes" Anfragen an die Zürcher Schule der Daseinsanalyse. Daseinsanalyse 10, 65–97 (1993)

Weizsäcker, Viktor v.: Antwort auf die Rundfrage über ein Referat auf der 66. Wanderversammlung der südwestdeutschen Psychiater und Neurologen in Badenweiler. Psyche 4/8, 473 (1950)

Zobler, Franz: Daseinsanalytische und tiefenpsychologische Aspekte des Traums. Verlag Zentralstelle der Studentenschaft, Zürich, 1993

www.ingramcontent.com/pod-product-compliance
Lightning Source LLC
Chambersburg PA
CBHW020127010526
44115CB00008B/1014